中国新闻精华读本（第三卷）

真相的脉络

中国调查报道精选（第三辑）

伍小峰◎编选

南方日报出版社
NANFANG DAILY PRESS

图书在版编目（CIP）数据

真相的脉络：中国调查报道精选（第三辑）/ 伍小峰编选. —广州：南方日报出版社，2009.9
(中国新闻精华读本)
ISBN 978-7-80652-931-7

I. 真… II. 伍… III. 新闻报道—作品集—中国—当代 IV. I253

中国版本图书馆 CIP 数据核字（2009）第 168424 号

真相的脉络——中国调查报道精选（第三辑） 伍小峰 编选

出版发行：南方日报出版社
地　　址：广州市广州大道中 289 号
电　　话：（020）87373998-8502
经　　销：全国新华书店
印　　刷：广州市怡升印刷有限公司
开　　本：787mm×1092mm 1/16
印　　张：13
字　　数：250 千字
版　　次：2009 年 10 月第 1 版
印　　次：2009 年 10 月第 1 次印刷
定　　价：26.00 元

投稿热线：（020）87373998-8503 读者热线：（020）87373998-8502

网址：http://www.nanfangdaily.com.cn/press http://www.southcn.com/ebook

目 录

真相调查

人性调查

数字调查

序

□江艺平

《中国调查报道精选》第三辑出版了。和前面两辑相比，这一辑似乎有更多理由值得期待。

也许是因为，这本书所辑录的新闻，全部发生在2008年，所以值得期待。

21世纪的第一个十年还没有成为过去，但是，在2008年发生的事情，已经因为“百年一遇”的概率，使这个年份注定成为本世纪具有标志性的一年。遥想将来，当后人回望这个世纪，“2008”会被世人屡屡提起——从年初罕见的南方冰灾，到举世震惊的“5·12”汶川大地震；从圣火传递的扰攘，到北京奥运的举办；从揭发制造结石婴儿的元凶，到引爆食品安全的隐患；从审视瓮安骚乱何以升级，到促成新群体事件观的形成：从雷曼兄弟的倒闭，到全球金融危机的蔓延……经历过2008年的波谲诡异、大起大落、大喜大悲，相信每一个亲历者都无法置身事外，更不会无动于衷。

2008年走过了不同寻常的365天，国内媒体也遭遇了前所未有的挑战：自然灾害世所罕见，报道难度几臻极限挑战；新闻管理新规频出，恪尽职守屡受现实制约……追求最大限度接近事实核心的调查性报道，这一年的个中甘苦或不足为外人道，却让公众真切感受一个事实：就在这一年，一个又一个优秀的调查记者，克服一个又一个艰难险阻，奔赴一个又一个新闻现场，记录一个又一个事实真相。其中一些报道，尽管囿于现实，暂时还无法和公众见面，但这些记者，这些报道，彰显了媒体应该坚持的良知和立场，以及逐渐增长的智慧和能耐。

面对复杂多变、安危莫测的世界，媒体应当如何自处与应对，才不致失其水准，更不致失其本色？不妨翻开这本书，它会给你答案。

这本书之值得期待，或许还因为，书中辑录了国内主流媒体最新的调查报道的成果。

国内传媒重视做调查性报道，并为此调集精兵强将，是最近这些年的事情。从最初单枪匹马名动江湖的调查记者卢跃刚、王克勤，到以报道孙志刚案为标志的年轻一代调查记者的涌现，再到众多媒体竞相组建深度调查的记者团队，调查报道渐成潮流，甚至变得有些时髦，似乎只要打着它的旗号，就可以贴上“主流媒体”的标签。

“主流”与否，不是靠上面指定，更无法凭自个认定。美国著名学者乔姆斯基在《主流媒体何以成为主流》一文中，对“主流媒体”所下的定义，已经被国内传播学界所公认，也逐渐为新闻业界所接受：“主流媒体”又叫“精英媒体”或“议程设定媒体”；这类媒体设置着新闻框架，所有二三流的媒体每天都在这个框架内筛选新闻。何谓“议程设定”的能力？我把它理解为，把握全部事实的能力和判断新闻价值的眼光。优秀的调查报道，恰恰集合了这些元素，因此能够直指人心，并获得广泛传播。据此判断，这本书里的不少篇章，不可谓不主流。

调查报道，素有“新闻皇冠上的明珠”之称。南方日报出版社持续推出调查报道的年度读本，善莫大焉。是为序。

现场调查

郴州冰灾：一座城市的“黑暗”突围记录

□《三联生活周刊》 王鸿谅

从1月13日开始的冻雨，逐渐显现出惊人的破坏力。因为持续的零下低温，雨落下来不需要多久，就在遍及的一切落点上附着成冰，持续的绵丝细雨又让这“冰衣”滚雪球一般，裹得愈发厚重密实。人们没有等到太阳露面消融冰凌，反而等来了雪，那种鱼籽般颗粒状，落下来就压实凝结在一起的雪，铺天盖地落下来。

难以承受的冰雪之重，折断了绿化香樟树的枝干，压垮了某些建筑物的棚顶，也摧毁了整个郴州几十年建立起来的电网系统。穿越山岭间的铁塔、电杆和电缆，包裹着超过20毫米的冰层，以远超过人们抢修能力的频率倒塌断裂。1月25日开始，郴州一点点陷入黑暗，1月30日零时15分，最后一条输电线路故障跳闸，郴州电网的全部生命线彻底崩溃。停电、停水、银行停业……习惯了现代化生活的人们一下子失掉了方向。

城区的逐步恢复供电从2月6日，也就是大年三十的夜晚开始，而村镇还需要等待，不寻常的新年成为郴州人不寻常的集体记忆。新春里的第一个艳阳天在2月12日到来，久违的阳光让街头巷尾的人们格外欣喜。电力工人依旧在忙碌，山岭野外的电网系统还在紧张抢修中，而城市里的普通人，正在重回自己的生活节奏，重温一盏明灯、一杯热水，甚至一个晴天所能带来的最朴素的幸福感悟。

征兆和危机

阳光很艳，南风很暖，生意人张萍一边享受着一件外套就能打发的暖冬，一边为店里积压着的厚棉袄发愁。按郴州老话里说的，“一日南风三日雪”，可从年底开始，天气一路暖上来，不见丝毫变冷的迹象，棉袄上的折扣标志已经换得让她心疼。

天不仅暖，而且干。在郴州气象部门的报告里，全市范围从10月4日以来的“少雨、晴朗”天气，已经呈现出“秋冬连旱”的征兆。旱不仅意味着火灾隐患，对郴州来说，还意味着城区电力的紧张。郴州有两张电网，一张是电业局管辖的隶属省电力公司的国电网，拥有燃煤火电和水电两种电能来源；另一张是市属郴电国际的地方电网，倚靠的只有小水电。国家电网自然还是垄断地位，占据了郴州70%的市场份额，而作为地方支柱企业的郴电国际则占据了中心城区2/3以上的市场。

两张电网的摩擦由来已久，不单纯是一个市场竞争问题，背后的财政归属才是重点。不过对于当地居民来说，重要的是竞争带来的服务改变，尤其是夏天，依靠丰沛的雨水，小水电的优势格外明显，可一旦面临枯水，劣势也同样明显。进入12月底以来，再度持续20多天的冬旱，明显让地方电网备感吃力，开始向省网求援。省网面临的还有全国范围内电煤紧缺的压力，限电早已开始，可是为了保障中心城区的用电，尽管利益各有归属，省网还是同意了城区电网与宜章分公司并网的方案，承担起分送输配电负荷给地方电网的责任。

这些复杂的局势和压力，生活在这个城市里的普通人其实并不能细致感受到，尤其是这样一个暖冬，春节将至的喜庆和忙碌，才是各自身体力行的节奏。处于戒备状态的仍旧是专业部门，郴州市电业局的“防冻融冰工作会”1月初照常召开，那些历史上覆冰严重线路的观测和养护一直都是重点。

冻雨在1月13日不期而至。细细的雨落下来，一个晚上，屋顶路面就上了冻——这在南方也是常见的，只要太阳出来，一切又恢复正常。麻烦的是，雨没有停，太阳也没有出来。1月16日，冻雨的第三天，郴州电业局新闻办副主任黄安和她的同事们赶到220千伏东朝线的观音阁观冰哨。东朝线是大东江水电站到朝阳变电站的一条主网线路，也是历史上覆冰最为严重的线路之一。观音阁观冰哨观测的72号铁塔位于资兴市兴宁镇碑记乡松木村的一处山岭风口，那里的景象令她惊诧，“随手拿起一块植被上的覆冰，都超过30毫米”。那天的气温是零下2摄氏度，风速7级，工作人员拿着游标卡尺和杆秤现场测冰的结果，是“导线覆冰已达到10毫米”。这是一个危险讯号，郴州境内电网建设依照的高压导线覆冰值标准为15毫米。

必须迅速除冰。输电线路的除冰方式有两种：技术融冰和人工除冰。前者通过架设一条地线，形成短路，利用产生的热量来融冰；后者是以人工登塔敲击的方式，剥离覆冰。前者要先将线路上的用电客户转移到其他线路上，而后者需要完全断电。高压线路大规模的人工除冰，郴州电业史上未曾尝试过，而且按照规定，220千伏以上线路的断电融冰必须向省网申请。在当时省网因电煤紧缺已经开始限电的情况下，这些高压线路的断电安排需要经过更复杂的统筹安排。

电业局开始进入紧张的观测与应对准备。与此同时，湖南省的“两会”也在1月18日正式召开，郴州市各机关部门的一把手们不得不云集长沙。这对郴州电业局局长易泽茂的确是一种煎熬，尽管朋友们安慰他，郴州位于长沙与广州的中间点，地理上很靠南，不用过于担心，但下面不断反馈上来的电网情况，足够让他焦灼得“身在曹营心在汉”。

黄安再次去观音阁观冰哨是1月22日，这一次，进山的路已经全部冻住了，覆冰也在继续增加。密织的电网上，越来越多的线路呈现困境，比如作为主网骨干变电站的110千伏的大园变，从母线到主变，从导线到端子箱都冻结上了厚达20—30毫米的冰，绝缘瓷瓶垂挂着几十毫米的尖锐冰凌，瓷瓶间隙里也覆上了冰块。

郴州历史上的第一次大规模人工除冰从1月23日凌晨开始，首先是大园变，接下来1月24日是东朝线72号塔。因为这是220千伏的线路，省调只批复了1天的停电时间，可人工除冰比想象中更艰难：30米高的铁塔，需要先一级级地敲击开辟出一条登塔路，然后电力职工才能腰系安全绳，一边攀爬，一边手持木棒敲击塔材上的覆冰。冰牢固得“像焊上去的”，敲击的力量，通常都会震得虎口生疼，敲击过程中还要注意平衡。作业人员每敲十来根塔材，就必须下塔休息烤火，否则手脚就会冻到僵硬得无法下塔。

72号塔的除冰当日早晨8时开始，19时结束，可还没等电业局松一口气，暴雪不期而至。仅仅两天之后，1月26日，观音阁观冰哨传来的信息是“覆冰再次超过40毫米”，“铁塔已经不行了”。那些被冰层包裹的铁塔和电杆，被照片和镜头记录下来，它们看起来“就像真实版的《后天》”。

暴雪和恐慌

城市里是一夜之间变白的。郴州电视台新闻综合频道《今晚8点》栏目副制片人罗聪清楚记得1月25日的晚上，他在电视台的大楼忙着春节晚会的节目，加班到凌晨3点多钟，大楼里突然停电了。摸黑走到楼下，就听见很大声的“咔嚓”响动，那是马路中间的两排绿化树被冰雪压断的声音。保安建议他最好留宿在台里，外面看起来太危险。考虑再三，罗聪决定还是回到节目组为录制晚会特意租用的宾馆休息。“台里没电，太冷了。”

一出门罗聪就感受到了雪的力量，“不是飘飞的鹅毛雪，而是一粒粒地砸下来”，“一路都是树断裂的声音”，“只敢远远地沿着屋檐旁边早就结了冰的路走”。平常不到5分钟的路，这次足足走了40分钟，罗聪给几个记者打了电话，他们正在这个城市里忙碌。当晚为了抢救绿化树，郴州市的城管全部出动，但成效甚微，终于在接连几天的大雪后，城里“几乎找不到一棵完整的香樟树”。第二天上班，罗聪就把自己的网名改成了“盼望已久的大雪竟然成灾”。

南方和北方不同，下雪通常有个漫长的铺垫，先是雨，然后转成颗粒状的冰粒，在地上铺上一层，最后才是飘飞的鹅毛雪。这雪才铺上薄薄的一层，往往第二天就出了大太阳，灿灿地一晒，车辆行人踩踏下来，融得满地是黑糊糊的雪水。可今年郴州的雪有些怪，像罗聪描述的那样，都是“砂子雪”，落下来就凝结在一起，像冰一样，用力抓起一把来，那些颗粒状的冰粒边角能把手硌得生疼。

人们对于大雪的期盼，被这“砂子雪”砸得转瞬即逝。摔伤的人迅速增多，郴州市第一人民医院下属的中心医院骨科接诊记录表明，大雪那几天，每天打石膏的人数最高值从平时的五六名，猛增到40多名。南方农贸市场的菜价雪后上涨原本是惯例，但今年没有章法的涨幅猛然间着实让人惊诧，白菜每斤5元，葱每斤20元。还没等人们从生活细节的震撼里回过神来，逐步的停电开始了，接下来是停水、餐馆停业、银行停业。柴油发电机的声音开始在城市的各处角落里轰鸣，在冰冷的夜里扰人梦境——其实人们也无心睡眠了，看到那星星点点不属于自己的光明和温暖，内心开始涌动着不安和焦灼。

张萍店里的棉袄在冻雨之后卖得出奇的好，但还没开心多久，因为停电只能关门。她带着儿子住回了父母家里，“有煤炉，可以烧热水取暖”。煤饼涨到了3元一个，还很难买，“真像烧金子”。有一天她出门还遇到了一个卖木炭的，“15元一斤，一会儿就被抢光了”。各种难辨真伪的消息也让她很迷惑，“其实并不怕停电，就是不知道停到什么时候是个头”。

最受郴州市民关注的民生新闻栏目《今晚8点》的新闻热线从1月25日开始陆续接到电话，反映自家断电停水了，想知道什么时候能来电。从疑惑到埋怨，打电话民众的情绪越来越焦躁。这些电话很清楚地表明，起初人们并不清楚电力的困境，以为只是惯常的小故障，而电力部门没有来及时维修，都希望借助电视台的“曝光”，督促问题解决。停电的范围在扩大，罗聪感觉到事态异常严重是从1月26日开始，连电视台的电都变得不稳定了。电视台由郴电国际双回路供电，还有一条可以搭接到电气铁路上的输电线，以往规模再严重的洪灾都没有过停电记录，俨然是这个城市里“最不可能失守的地方”。可怕的是，1月27日，这里也失守了，所有的搭接线路全部“黑”了。

根据后来电业局的文件，地方电网的线路1月25日开始崩溃，而电业局的主网一直支撑到1月30日，但普通人并不清楚，电网的四处断裂，迅速撕裂了这个城市的信息网络，这才是心理慌乱的开始。郴州只有两张报纸——《郴州日报》和《广播电视报》，但人们习惯性获取日常信息的方式还是通过电视，尤其是本地台的《今晚8点》。陆续停电后，郴州电视台集3个频道之力，只能保证一档新闻节目《新闻联播》的正常制作和播出，在停电遍及全市之后，这档节目甚至还用过与电台联动播出的方式，只是为了尽可能让更多人能获取正确信息。可是，能够通过电视和广播获取信息的人还是少数，从省内紧急调运收音机是后来的事情。最糟糕的是，因为冰灾和停电的关系，各通信部门的设施同样遭到严重损毁，城市里的通讯也陷入麻烦：一个电话，运气好时拨上十几次可能会接通，运气不好，几十次也是“用户忙”或“网络线路忙”。

郴州电业局的总调度室，还在不断接到各处线路倒塔倒杆的报告。1月28日18时，郴州电网彻底与省网断开，根据接下来的“黑启动”方案，一边利用永州南和衡阳之间的小网继续运行，一边派出施工队伍试图修复从小东江电站过来的输电线路。至于最核心的大东江电站，暂时没有列入选择，“倒得太惨了”。与主网解列之后的电力“孤岛”郴州，一直坚持到了1月30日零时15分，因为220千伏的东城线故障跳闸，郴州电网的生命线全部崩溃。黄安记得那个晚上，电业局的办公楼里突然间一片漆黑。电业局大楼是郴州全城仅剩的最后一块“光明”阵地，市委、市政府早就黑了，指挥部也早就搬到了电业局的办公楼。周围是人声喧嚣，她脑子里瞬间只有一个想法，“一世英名，毁于一旦”。

发电机开始在电业局轰鸣，紧急抢修线路和方案更改过好几次。1月31日和2月1日接连两天，电业局分别打通了两条输电线路，但分别都只支撑了一个多小时，就因各种线路故障功败垂成。“那才是最绝望的时候。”黄安回忆，“局里不停地定方案，组织抢修，结果不断回来倒塔倒杆的消息”，“打通一条，黑了；再打通一条，又黑了”，“连我们自己都不知道，这日子什么时候才是个头了”。

如果2月1日抢修出来的线路没有因为意外断裂，电业局在郴州市区70%的供电可以恢复，而问题是中心市区70%的供电网络属于郴电国际。结果一条并不确凿的新闻——“郴州城区70%恢复供电”的消息——过早地传了出去，等到这条线路在1小时40分钟后重新中断时，消息已经无法阻止。罗聪回忆，以后几天这消息从外界再反馈回来，引发了最严重的一场情绪波动。

新闻像传言，传言像新闻，这种“信息无序”增加了人们的焦灼。“什么时候能够来电？”没人能够给出一个断然的确切回答。拥有自备发电机的宾馆变得生意爆好，价位从100元/天跃升到500元/天，还是一房难求。ATM机取不出钱来，罗聪的许多同事手头都只剩了100元，像他这样家不在郴州的人，吃饭成了大问题。餐馆几乎都关了门，能够供应盒饭的宾馆奇货可居，罗聪和他的同事两个人，两个盒饭花了116元。省电力公司抢修队员张立和他的同事为了上山巡线需要购买两双雨鞋，当地农户拿出旧鞋，开出来的价码是“每双70元”。所幸2月1日，国家电网已经非常重视郴州电网异乎寻常的严重损毁，陆续派出增援抢修大军，2月2日国务院总理温家宝的到访，更让这座城市的人们重新找到了一种信心和安定。

黑暗里的多重困境

大雪来的那个晚上，中心医院党总支副书记邓伟胜和他的同事们凌晨接到120出诊任务，去京珠高速，不到一刻钟的路走了一个多小时。到达时是凌晨4时50分左右，过了收费站，南下方向的3条车道有2条停满了车，四五公里外，则是3条车道全满，这样一路排下去足有10多公里。因道路结冰导致的京珠高速的阻滞和封闭已经持续了好几天，从1月25日开始的京广铁路因断电导致的郴州衡阳段的阻滞，让这座城市陷入交通、物资和能源的多重困境。

京广线阻滞带给春运的压力迅速膨胀，“通路”成为第一要务，对于郴州来说这就好比雪上加霜：有限的物资，一方面要保障阻滞在高速公路和铁路上的人的需要，一方面还要顾及这个城市里的更多人。作为中心城区最大的连锁卖场，步步高超市很能感受到这种交通与物资的压力，步步高罗加井店非食品处处长庞艳的回忆已经被压得密密实实。压力从1月28日开始，“断续支撑的电彻底停了，接着又听到高速公路那边的消息，因为封路，从北往南的货运车辆无法通行，物资过不来了”。罗加井店没有自备发电机，1月28日等了一整天也不见来电，只好紧急将另一分店一台150千瓦的发电机调运过来。

接下来是打仗般的场景。庞艳回忆，超市的负责人一边要跟本市的各供货商联系，保证超市里的货源稳定，一边通过商务局、市政府“批条子”，费尽心思拿到每日发电所需的柴油。作为全城在停电期间唯一始终坚持开业的超市，步步高的日营业额跃增到了同期的五六倍，但是价格依旧，特惠商品依旧。对于这个城市而言，超市的举措也像一颗定心丸，即便住得远不可能每天来购物的居民，心里也有一个相对安慰的寄托。疯涨的物价因为陆续开业的各个超市的努力，逐渐回复到相对正常的范围。

更像打仗的是医院。邓伟胜说起来会笑，“中心医院在燕泉河边，每年涨水就有洪灾，早就锻炼出了一套应急机制”。这话并没有夸张。1月24日，郴州市发布冰雪灾害黄色警报，医院立即制定了抗击冰雪灾害应急预案。第一人民医院下属的北院是儿童医院，新生儿科里住院病人都是未满28天的婴儿，必须在恒温箱里，一旦断电，后果不堪设想。早在冻雨的时候，院长吴志坚和副院长刘劲松已经有了不好的预感，他们到下面县里的医院去做例行访问，沿途都看见冰封景象，从气象部门那里，得到的都是不确定的消息。刘劲松和电业局的党委书记私交不错，费尽心思希望电业局能保证医院用电，儿童医院的电力网络还可以搭接到铁路上，也算是二手准备。电业局答应得很爽快，会尽一切可能保证医院用电，可到了1月26日大雪的晚上，刘劲松接到市卫生局长的电话，说其他医院都停电了，让他们做好接收转院危重病人的准备。到了1月29日凌晨，儿童医院的电也断了，刘劲松赶紧打电话问，得到的答复是电业局的“系统出了问题”。他起先以为只是电脑系统问题，再打电话给总调度的朋友，得到的答复当头泼了他一盆冷水，“连我的总调度都没电了”。

按照既定方案，这一天的凌晨3时，新生儿科22名病人向中心医院开始转移。恒温箱、呼吸机等各种设备要从6楼靠人力抬下来，打着电筒，每个楼梯拐角点上蜡烛，每一步都要小心翼翼。此后的30日、31日陆续都帮助病人转移，可到最后，陆续会亮一下的灯31日彻底不亮了，但医院里还有40多名新生儿。1月31日晚上吴志坚终于从市政府要到了第一台发电机，90千瓦，1995年生产的老机子。机器连夜运过来却故障不断，配件受潮，变压器和二极管刚运转就烧掉了。折腾到2月1日16点多钟，换了新二极管，将老变压器断裂的铜线用煤火烧熔连接起来后，这台煤炭局的老爷机终于运转了。那轰鸣声震得玻璃都会响，不过有电就好。为了保证新生儿病房的温度，医护人员已经各显神通，将自己家的煤炉煤球都搬了过来。

新生儿不比其他病人，必须热水冲调奶粉。为了保证热水供应，医院成立了“烧水专业队”、“送水专业队”，用大铁锅烧的水，一次只能灌7个热水瓶，但医院里有200多个热水瓶要保证。刘劲松笑道，那几天，专门负责烧水的医护人员“脸都是熏黑的”。即便这样，医生们自己几天甚至都喝不上一口热水，院党总支书记李细莲还记得多日后喝到第一口开水的情景，“那就是幸福”。

90千瓦的老爷机运转起来依旧让人揪心。集团办公室主任曹印专说，停电的日子里，最让他揪心的就是各分院的发电机，“就像心脏一样，生怕出半点纰漏”。等到郴州大面积断水断电，城内大多数医院无法自行供电，病人开始大量拥向中心医院，城内其他医院的危重病人也不断转入。“全院病床仅1400张，而在院病人持续1500人以上，特别是产科、新生儿科、ICU（重症监护）等科室，加床现象十分严重。”产科的情况最特殊，产科主任雷冬竹回忆，“白天产妇来得并不多，都是晚上突然增加的”。产科共有病床49张，平日住院产妇保持在60人左右，可冰灾之后，“最高在院产妇达145人，最多时一天出生婴儿22个”。雷冬竹记得，大年三十那天就有43名产妇出院，“一上午就只能忙着办出院手续”。

吴志坚和刘劲松守着的这台老爷机还有好多麻烦，发电每天要用1吨多的柴油，从市政府拿到指标，全城已经找不到专门的柴油桶。派人到郊区找了一大圈，才以高价买回来18个装猪油的大油桶。猪油很容易凝固，但发电机如果被阻塞就会崩溃，于是各科室的医护人员又被召集起来，“像做手术一样清洗油桶”。从只能伸入一个拳头的开口里倒入热水和碱，盖上盖，在地上不停地滚，通过充分摩擦来去除猪油。吴志坚回忆，“一共用了72袋碱，洗了4个多小时才完工”。

这台老爷机撑到2月3日发电车到来。消息2月2日晚上刘劲松就知道了，电业局告诉他，国电江苏南京分公司援助郴州的第一批5台发电车要到了，其中一台给儿童医院。他和同事们兴奋地留守了一整晚，后来才知道，当晚设备已经到了，只是从火车上卸下来花了很长时间。次日下午，发电车来了，跟车的南京公司技术人员邵伟很让刘劲松感动：“他的鞋袜全都湿了，到我们这里，把鞋袜一脱，光脚套进胶鞋就开始忙了。”

刘劲松在医院里驻守了整整8天，其间不幸遗失了家里的钥匙，电话又与家人联系不上，以至于好几天都不知道老婆孩子“在哪儿吃的饭，怎么过的”。再回忆起来这段被冰灾凝固的时间，产科主任雷冬竹感叹的是“人的潜能无限”。她科室里的人，“那几天做事不是走，是跑”，几台手术同时上场，再一台台轮换。而刘劲松感叹的，也是每日的安排太过密实，以至“都没有时间来恐慌”。

似乎过不下去的日子，也就这样撑了下来。2月6日，城区供电逐步恢复，年三十夜晚的烟花和爆竹照样在城市上空绽放，一切都不再可怕。此刻在那些市民看不到的地方，遥远的山岭电网抢修点，来自国电网各分公司的抢修大军还在加紧赶工期。每一条线路恢复供电的死命令已经下达，他们要把笨重的塔材拖到数十、数百米的山上，然后重新建塔、布线。2月14日，记者所到的110千伏城宜线74号塔已经到了竣工阶段，计划的完工时间是当天18时。山上还是一片冰封，上午还飘过几片雪花，塔在风口上，站上10分钟已经手脚冰冷。施工人员生起火堆，在20多米的高杆上作业的年轻电工，4个多小时里只有两次下塔烤火的机会。那些帮忙拉线架绳的工人，棉线手套一下子脏得不成样子，用手拧拧，全是黄色的泥水，他们的手上，是被泥土糊住的冻伤。他们的努力，是这个城市夜间已经到来和那些即将到来的光亮背后，最令人感动的朴实付出。

（《三联生活周刊》总第468期　2008年2月25日出版）

重庆：的士停运背后的盘剥链条

□《南方都市报》 龙志

11月3日凌晨到5日上午——持续两天多的重庆出租车罢运事件告一段落。重庆市政府通报称，11月5日上午，主城区出租车全面恢复正常营运。事件的主要诱因被认为是出租车公司擅自决定对驾驶员每日增收“份子钱”。记者调查发现，多年来，沉疴难愈的重庆市出租车行业已形成了层层盘剥的链条，不堪重负的司机们充满怨气，而此次罢运，正是其表现的一部分。

在机场通往主城区的路上，颜色鲜明的黄色的士已经很少见，这是重庆全城的士罢运后的第二天。尽管市政府采取了包括出租车票价上调调研、继续打击非法营运车等多项措施，但多数司机仍在观望，此时出车，是件冒风险的事。

上清寺站，一辆的士停在路边，这名江姓司机刚刚拒绝了一个去沙坪坝的乘客。罢运使得人人自危，拒载也变得理所当然。在他后面是一辆黑色捷达，车主在街边招揽生意：“去哪里？坐车吗？的士罢运了。”

“一部分原因是因为黑车，但现在黑车更横行了。”江笑了笑。这种悲观但无奈的情绪，正在罢运后的司机脸上渲染，他对前景表示担忧。

江是响应政府以及出租车公司的号召，试探着开车上路。他的汽车挡风玻璃右下角穿了个洞，裂缝向周边扩散，看起来像被钝器击打过。他说，这是昨天出车的代价：“停在路边上个厕所，回来后，就被石头砸破了。”而此前新华社报道称，有20多辆车在罢运中被砸，其中包括三辆警车。

“稍微偏远一点的地方我们都不敢去。”江说，和其他在路上跑的的士一样，标着“出租车”字样的车灯被收起来，放在后备厢里。这意味着罢运风潮还在继续。

“效果并不明显。”当车子开过陈家坪汽车总站时，站前广场空荡荡的，三天前，那里总是排满了待客的的士。他说："触动了政府，但根本问题没解决。"

凌晨开始的集体"休息"

有20多辆的士被砸，擅自营运的司机受到警告甚至殴打

罢运时间至少在上周四就已经确定，上述江姓司机向记者证实，消息在司机尤其是夜班司机间流传，部分出租车公司也获悉信息，但谁都知道，这是一件不可避免的事。

直到3日凌晨5时，新的一天到来，重庆市渝北区、渝中区、沙坪坝、九龙坡、南岸区、江北区等基本上见不到一辆出租车。主城区拥有8000多辆的士，似乎一夜间都"消失"了。司机们都在街边栏杆上观望。抵触情绪像病菌一样蔓延全城。当有的士路过时，他们就会上前阻挡，用水瓶扔掷，要求其停止营运，加入到集体抗争中去。

尽管警方表示无黑恶组织介入，但司机们之间那股强烈意识仍让这次被称为"集体'休息'"的罢运事件变得冲突不断。有20多辆的士被砸，擅自营运的司机受到警告甚至殴打。记者获得的一张现场照片表明，3日下午，观音桥商圈环道老干中心附近，一辆羚羊出租车被长安车拦截，车上下来一群人对羚羊车司机一顿暴打，造成交通堵塞。重庆公安不得不出动大量警力在陈家坪、杨公桥、天星桥、凤鸣山等出租车聚集地，维护交通运输秩序。

生活在这座临江架桥、道路崎岖的现代化山城里的人们，平日里对身边的出租车有诸多怨言，认为司机宰客、绕道、拒载，是重庆形象的抹黑者。直到此刻他们才意识到，满街跑的黄壳车，对他们来说是多么重要。

当天上午，重庆市政府召开紧急会议，坚决防止出租车罢运事件引发的连锁反应，并采取有力措施，确保营运恢复正常水平。

上午10时，官方媒体新华社也罕见地发出《重庆主城区出租车全部停驶》、《重庆市主城区出租车全城罢运，主要四大原因》等滚动报道。信息透明缓和了事件进一步恶化。

下午4时许，重庆市交委举行新闻发布会，交委副主任梁培军介绍说，导致此次主城区出租车罢运主要有四个原因：一是出租车企业与驾驶员利益分配存在矛盾，二是主城区出租车存在加气难问题未得到彻底解决，三是出租车租价结构不合理，四是非法营运车辆扰乱正常秩序。

而此时，在路政等相关部门人员的保护下，数百辆的士进入重庆最繁华

地段解放碑以及火车站等中心区域。

尽管政府和出租车公司承诺作出调整，但大多数的士司机仍在观望。少数敢上路的人，比如前面提到的江姓司机，后果便是，车子被莫名其妙地砸了。

日赚270元以上才有收入

盘剥链条早已令司机们不堪重负，副班司机是这条盘剥链的终端

重庆的士不是第一次罢运。一名知情人告诉记者，早在7月，奥运会前，罢运情绪已经在的士司机之间酝酿，他们约定在7月14日当天集体“休息”。

与这次不同的是，7月罢运的主要原因是抗议天然气加气困难，空调的使用加大了燃气的消耗，司机们平均每天耗费在等待加气上的时间大约要3小时。

但奥运期间的安保稳定任务，使得政府异常警觉，并且很快有了行动：在加大燃气供应的同时，还特别规定，出租车以外的汽车加气时间为晚上10时至次日早上8时，错开了的士加气高峰。因而避免了一场风暴。

但对于沉疴难愈的重庆市出租车行业而言，燃气问题的解决只是将爆发时间往后推移了一步。

据一名重庆当地媒体记者观察，多年来，重庆出租车行业的腐朽，已经形成了层层盘剥的链条，不堪重负的司机们充满怨气，迟早要断裂，而此次罢运，正是其表现的一部分。

28岁的的哥钱亮给记者算了笔账，今年上半年，他向重庆国泰出租车公司缴纳了13.5万元营收预付款后，取得天语汽车的经营权，此外，他每个月还要向公司缴纳8200元的“份子钱”。按照规定，4年期满后，车辆报废，公司只退回2万元预付款。四年下来，钱亮算了笔账，公司从他身上赚取了40.86万元。

重庆主城区目前拥有100辆出租车以上的出租车公司34家，共有各类出租车近8000辆。记者调查得知，每个公司的预付款各不相同，一份的哥中的调查表显示：重庆国际公司收取司机16万元，4年期满退5万元；国泰公司收取司机13.5万元，4年期满退2万元；市租公司收取司机10万元，4年期满退2万元……

在这条盘剥链上，钱亮是一名“被剥削者”，同时他也是一名“剥削者”。他雇佣了一名副班司机（多数的士有一名主班、一名副班和一名顶班司机），按照规定，这部车每天向公司缴纳460元的份子钱（日班230元，夜班230元）。一个月的份子钱为13800元（他和副班各出一半），而实际上他只要向公司缴纳8200元，余下的5600元，公司会返还。但返还部分副班是没份的。

“我必须拿到这部分差价，我投资了13万多”，钱亮说，等4年期满后，公司只退回2万元预付款。

从出租车公司到承包者（主班），副班是这条盘剥链的终端。除去每天230元的一半份子钱及至少30元加气费、10元盒饭钱，这意味着，副班司机每天必须赚到270元以上，才有报酬。一名副班司机对记者说，以上个月为例，往往一天下来，只赚了10多元钱，有时候甚至亏本。

承包费高企盘剥链形成

4年承包价最高达40万元，因此形成风险转嫁体系，“主驾司机被迫克扣副驾、顶班”

2004年，重庆市开始实行出租车改革，将出租车指标使用年限由5年延长至25年，由承包化经营，改为公司化。而在这一年前后，中国各地轮番上演了数十起“出租车事件”，几乎是中国出租车行业发展历程的缩写版。

一份渝府发〔2003〕85号文件《主城区出租汽车经营权、产权管理制度改革实施方案》显示，政府规定，主城区出租汽车经营者，每辆车一次性缴纳5万元出租车经营权证款，可获得25年经营权证，每年平均仅有2000元。

2005年3月12日，时任重庆市常务副市长的黄奇帆谈到出租车行业管理时说，政府应该鼓励出租车公司发展壮大，规范经营管理，这样才会提高素质、提高效益。重庆以前有100多家出租车公司，散乱差情况突出，经过整顿现在只剩下30家公司，七八千辆出租车，这些公司的实力强大，操作规范，有很好的发展前景。

正是此时，下岗在家的杨孝明与重庆市公路运输（集团）出租分公司签署了《出租车驾驶员劳务协议》，并交纳7000元保证金，做了一名副班驾驶员。

他说，在公司化改制过程中，政府并没获利。但出租汽车公司从政府手中低价取得经营权后，由于指标数量有限，出租车指标价格猛然上涨，一度突破一个指标100万元的大关，已接近国内出租车指标转让的最高价格。

因而带动了承包费水涨船高。据2007年当地媒体报道，要成为主班驾驶，需要累计投入相当于两辆出租车（长安羚羊）的价值——11.5万元费用，而公司每月还要收取营收定额10800元。而到了今年年初，当钱亮要进入出租车行业做主班驾驶时，他必须缴纳13万多元的费用，此外还有每月1万多元的定额。

据了解，在多数重庆出租车公司，为期4年的全款承包车价格在26.5万—30万元之间，最高者已达到40.8万元。在这样的“背景”下，主驾则“顺理成章”地将风险转嫁给其手下的副班、顶班，形成了一套五花八门、层层分配的风险转嫁体系。

“所以，就形成了主驾（班）司机‘养鸡’，出租车公司‘取蛋’！主驾司机被迫克扣副驾、顶班，自由提高板板钱（即份子钱）等，形成了一个完整盘剥链条。”杨孝明说。当他工作了一年，发现自己的工资和养老保险被克扣后，起诉公司，被主班辞退。

据他介绍，北京市的哥“份子钱”每天仅170元左右，上海市的哥“份子钱”每天才380元，“深圳市的哥‘份子钱’虽说每天达到420元，但当地的起租价格超过重庆50%，而重庆主城九区出租汽车司机‘份子钱’普遍达380元、400元，最高的竟达460元！”

昨日下午，重庆市政府新闻发言人剖析此次罢运成因时表示，主要原因是今年有的出租汽车公司对出租车驾驶员所收的“份儿钱”每天增加了50—70元，由此使驾驶员的收入全年将减少2万元以上，从而加重了出租车驾驶员的生活负担，增添了他们的生活困难，引发了这次社会事件。

黑车横行后的腐朽

据测算，黑车与正规车之比接近1：3.5。黑出租车已严重扰乱市场秩序

45岁的杨孝明试图打破这条盘剥链，从2005年起，他开始构想成立“重庆市人民出租车有限公司”。

“公司通过募集方式设立，股东股份等额，并聘用专业人才进行管理，股东只有一辆车的经营权，自己必须开车，同时聘请司机作为员工，司机与股东同工同酬，同时，公司为所有员工交纳社保费。”他描绘说。

如果从上述盘剥链来看，他改变的是中间环节——将主班驾驶变成了股东，在汽车报废后，仍然有效，从而改善对末端副班的剥削。

但杨孝明的公司至今只是一个筹备名，在他准备向工商局注册时，被卡在了政府部门行政许可这一关。他至今没有打破出租车行业的垄断壁垒，这也是中国出租车行业的缩影。经济学家孙立平感言，中国出租汽车业：一个半市场化改革的怪胎。

在重庆，出租车行业除了体制的腐朽，还夹杂着更多因素。黑车被认为是这座山城的弊病之一。2007年11月28日出版的《重庆晨报》称，主城区假冒、克隆出租车总量已达1500—2000辆，严重扰乱了主城区出租车市场。按照当时政府公布的主城区正规出租车总量7000多辆，据此测算，黑车与正规车之比接近1∶3.5。

匿名的业内人士称，黑车的出现反映了执法人员工作不力，甚至与政府某些部门腐败相关，在北碚区，未经过核准的200多辆绿色的士营运了半年。政府部门被指勾结出租车公司公开经营黑车。

而记者获得一份重庆某出租车公司的合同，该合同称：羚羊牌7100型营运车一辆，经营期限为两年。一次性缴纳安全生产基金11万元，期满退还8万元，每月份子钱为6600元。

业内人士指出，这是一辆典型的黑车，该车实际上已经报废，经营权证换到另一辆新车上，这就是为什么可以份子钱相差悬殊，还可以退还8万元的奥秘所在。

重庆市副市长余远牧说，黑出租车已严重扰乱了出租车市场秩序，不仅乘客安全难以得到保障，正规出租车驾驶员的收入也受到较大冲击和影响，现在出租车驾驶员的月收入普遍降到了1500—1700元。

对于正规的士司机而言，他们面临的监管更苛刻。10月28日，针对出租车拒载、宰客的现象，重庆市交通部门施行新规定，被投诉3次以上就吊销两证。新规定虽具有震慑作用，但大多数的士司机认为做法不太人性化，只向着乘客，而不多为驾驶员考虑。

“这两年我写了至少20万字的文章和建议，分别给重庆市政府每个部门寄送了出租车行业意见书，但都没有回音。”杨孝明说。在他看来，重庆出租车行业封闭固守，政府听不到声音，但内部已经腐朽。

迅速恢复营运背后

重庆的哥中的明星人物杨孝明认为，“份子钱”并未触动行业核心内幕

爆发于11月3日凌晨的重庆的士司机罢运事件，让重庆市政府意识到这个行业潜伏着危机。

4日下午，将自己定位为“重庆出租车司机权利探索者”的杨孝明终于被相关部门邀去面谈，他被怀疑是这次罢运的煽动者。

“我还不至于做这种事，”杨说，多年来，不断在论坛发表文章和观点，他已经成了重庆的哥中的明星人物，“我不会参与群体性事件，除了法律，我需要静静等待。”

他认为重庆全城的士罢运或许是个契机。但昨日一早起来，街上的的士又多了起来，原本取下车灯的司机们又开始排队拉客，街上的警力也恢复正常。

截至昨日下午5时，本报记者发稿时，重庆市政府召开新闻发布会称：重庆主城区出租车已于当日上午基本恢复了营运。

政府通报称：事情发生后，重庆市委、市政府高度关注，并做了认真的调研。出租汽车公司未经批准擅自提高“份子钱”，是加重驾驶员负担的主因和问题的起因，是违规操作。

市政府昨日决定，对擅自提高行业收费的现象必须坚决纠正，并责成各出租汽车公司将“份子钱”降回到去年的水平。各出租汽车公司表示拥护和支持。

重庆市经委也表示，每天新增10万立方米CNG天然气，缓解“加气难”问题。

在新闻发布会上，重庆市政府副秘书长崔坚向因此事而造成不便的市民表示了歉意，并表示，此次事件的发生，包括市交委在内的职能部门负有不可推卸的责任，目前市政府已经针对此次事件启动了行政问责制，将追究相关职能部门相关负责人的责任。

杨孝明通过网络看到发布会消息时感叹，政府把原因归咎于“份子钱”后就浅尝辄止，还是没有触动出租车行业的核心内幕。

罢运事件就此进入尾声，一名“天语”的士司机向记者道出个中插曲，她说，4日下午，公司召集所有承包者开会，在会上要求所有的士承包者必须出车，一天签到两次，补助300元。

“我不是为了这300元补助。”这名的士司机说，虽然规定的养老保险金还是没有影子，但“如果不跑起来，每天还要倒贴”。

昨日下午，记者再次经过陈家坪客运总站时，广场上已经停满了黄色的士，司机们在大声招揽着客人。雨水冲刷了街道，偶尔有辆没有车灯的出租车，从路上突兀地开过。

（《南方都市报》 2008年11月6日）

直击昆明公交爆炸案

□《新民周刊》 杨江

云AS2035：最后的安宁

7月21日清晨6时15分，34岁的昆明公交公司54路司机马云峰跨进了驾驶室。这辆牌照为云AS2035的公交车产自上海申沃，54路途经的人民西路、人民中路是昆明闹市的东西主干道，昆明公交公司因此为54路配备的都是这种被昆明工薪阶层称为豪华公交的巴士。

云AS2035是这一天54路发出的第二辆公交车，马云峰驾车从岷山总站出发的时候，天空还是晴朗的，但不多久，降雨云就从远方一点点袭来。这个时节，昆明的天气就像一张娃娃脸，前一分钟还是透亮，后一分钟说不定就是一场滂沱大雨。马云峰还有车上的乘客都已经习惯了这样的雨季，有人在谈论前不久一场大雨水淹市政府的事。

路上的行人并不多，很多店铺尚未开门，马云峰一路由西向东开至昙华寺总站，稍事休息后将回到驾驶室返程岷山。

应该就在这个时候，30岁的王德芝也开始催促男友韩先明出门的动作麻利一点。王德芝的老家在楚雄牟定县，3年来，两人一直在昆明的一家桑拿房做水疗师。

王德芝家境贫寒，身世坎坷，3年前，前夫突发脑溢血去世，留下了一个刚满周岁的女儿婷婷，此后，为赚钱养家，王德芝将女儿寄养在父母家，自己走出大山来到了昆明，也因此认识了来自四川内江的韩先明。

7月28日是婷婷的生日，一向疼爱女儿的王德芝一个多月前就在计划回家给女儿过这个生日。

原本，两个人跟老板提出7月27—29日请假，但7月27日是一个周末，桑拿房的生意照旧会比较繁忙，加之水疗师人手紧缺，请假未能获得老板许可。

昆明的消费水平与收入水平远不及东部沿海城市，王德芝每个月的收入不过六七百元，在两人的盘算里，水疗师的每一分收入都来之不易，与服务客人的人数息息相关，因此他们也舍不得浪费那个周末。

于是假期便提前至7月21—23日，按照王德芝的计划，22日给女儿提前过生日，23日返回昆明。

从出租房到昆明西苑长途车站要先上61路公交车，然后在文庙站转54路公交车，如果行程顺利，两个人应该会赶上8时的长途班车，然后在当天中午12时左右抵达牟定县。

时间已经不早了，眼看着天色渐变以及早高峰的逼近，王德芝有点着急，而韩先明舍不得女友，自己拎着一堆行李。

包里是王德芝前几天给女儿买的新衣，还有一件她亲手给女儿织的毛衣。王德芝60岁的父亲王维早至今记得，外孙女每一年的生日，女儿都会给外孙女织一件毛衣。

心细的王德芝考虑到父母在家平素节省舍不得吃荤菜，因此提前数日自己卤了一些荤菜，准备带回老家。她在7月20日白天就给父亲打了电话，告诉父亲自己会带菜回家，要父亲不必再花钱。

行李中还有两幅王德芝花两个月绣的十字绣，一幅是一个大红“福”字，一幅是牡丹富贵图。这个大山中的姑娘心灵手巧。

61路公交车很快抵达文庙站，两个人下了车，这个时候，马云峰驾驶着牌照为云AS2035的54路公交车也从昙华寺方向开来。54路公交车沿途共设20个站，从昙华寺方向过来，文庙是第九个站。王德芝跟韩先明说：“给我一块钱，过会我自己好投币。”

车上的人并不多，紧靠司机后背的是两列沿走道方向相向排布的座位，两边各四个座椅，再往后，便是大约9排与走道方向垂直排布的座椅。

王德芝坐到了司机身后，她的右面是一位40多岁的女乘客，昆明某企业的文秘，韩先明则坐在了女友的斜对面。两个人都没有留意车上的乘客，也没有留意各自的座位底下。

这个时段，54路公交车上的乘客多是沿人民西路、人民中路一带的上班族，还有去昙华寺晨练或者返回的老人。没有谁想起去特意观察周边的乘客，有人在打盹，有人在看车载电视。

马云峰就这样开着车朝第十二个站潘家湾站的方向驶去。

王德芝有点晕车，她不言语，快到小西门龟背立交时，韩先明告诉她：“这就是7月1日才通车的龟背立交桥。”

王德芝透过窗户看了看，还是没有说话。

第一起爆炸：1死10伤

6时50分，潘家湾车站，47岁的刘党惠来到了自己看守的自行车停放点，旁边就是云南省医疗条件最好的昆明医学院附属第一医院，每天都有很多前来看病、探访病人的市民把自行车、电动车寄存在这里。

这个时候，58岁的交通协管员卓顺喜也提前赶到了潘家湾车站所处的人民西路与西昌路交叉口。由于行人不多，卓顺喜站在站台对面的马路边和刘党惠抽烟、聊天。

7时05分，云AS2035公交车出现在交叉路口，眼瞅着公交车就快靠站，韩先明担心自己抱着这么多行李挡着走道，会影响乘客上下车，因此挪到了第五排座位。

马云峰已经看到了车站上的乘客，他开始减速靠站。潘家湾车站共有10个广告牌，云AS2035刚驶到第二个广告牌，突然间一声冲天巨响。刘党惠和卓顺喜眼看着这辆54路公交车在巨响中冒出一团白烟，滑行至第四个广告牌才停下。

变故在不到一秒钟的时间内瞬间爆发，“啊呀，妈呀！”漫天的玻璃碎片射向四面八方，刘党惠本能地背过身，抱着头蹲下，后背碎玻璃雨点般噼里啪啦砸下，砸得他生疼。“妈呀，公交车爆炸了！”刘党惠大喊。

云AS2035公交车内，韩先明在新位置上屁股还没坐稳，就听到一声巨响，眼前一阵白光。他本能地把头躲在行李后。巨大的冲击波把他还有车内的其余十多个乘客掀翻在地。

电光石火的瞬间，马云峰觉得后背突然一股巨大的推力，以至他一个踉跄，额头贴到了挡风玻璃。马云峰以为车轮胎爆炸了，但他觉得车子并没有歪斜，于是扭头看车厢，却吓得惊魂失魄：硝烟弥漫的公交车内，两个乘客被炸飞，紧靠着他的女乘客已经被炸成了两截，肚里的肠子都可以看见。

马云峰的“救命恩人”是公司新配备的金属靠垫，那个靠垫已经被完全推扁了。

浓烟在散开，韩先明回过了神，他一眼瞅见了躺在车板上的王德芝，肠子外露，鲜血像喷泉般涌出。

王德芝的嘴唇还在颤动，韩先明明白发生了爆炸，他想救女友，但看到这样的惨状，又不敢动手。“救命啊，快报警救人啊！”他大喊。

乘客赵宁还有其他一些乘客也从短暂的昏厥中醒来，但他们只看到彼此面孔的惶恐，却听不到任何的声响，巨大的冲击波导致他们大多数人耳膜穿孔，听力受损。

马云峰下了车，刘党惠听到他大骂："哪个把爆炸物带到了车上！"而另一位从医院走出来的市民则听到马云峰首先给公交公司打了电话汇报车子爆炸了。

站台上的乘客惶恐逃散，很多人在报警。这个时候，潘家湾站台后的十多家商店都还没有开门，牛奶店24岁的员工杨丽英和16岁的刘新君晚上就住在店内。

两个小姑娘在睡梦中被巨响惊醒。"莫不是哪家饭店的煤气罐爆炸了？"杨丽英嘀咕，刘新君则以为是打雷，"这么大的雷声，要下多大的雨啊！"

杨丽英赶紧起床，准备打开卷闸门，却突然听到了门外的惊呼声、哭喊声、呻吟声。"公交车爆炸啦，炸死人了，天啊！"好多人在叫喊。

"死人了……死人了……"杨丽英拿着钥匙的手吓得缩了回去。不一会，她躲在卷闸门后听到了消防车的声音，西昌路与人民西路交叉口不到100米就是一个消防站。

"公交车怎么爆炸了？"杨丽英嘀咕，"恐怖袭击？！"

婷婷：妈妈死了……

7时07分01秒，云南省急救中心调度室，调度员李静林面前的电话急促地响起。"麻烦你们赶快过来，云大医院对面一辆公交车轮胎爆炸了！车上有人受伤……快点，快点……在潘家湾，潘家湾……"一个男子急促地叫喊。

李静林还在疑惑，公交车轮胎爆炸怎么会伤到人？会不会是公交车爆炸了？电话又响了："潘家湾这个地方，54路车发生爆炸了，我在另外一辆车上看到，车上有好几个人受伤了。"

他听到对方语带惶恐，又听到现场混乱的呼喊声，意识到事态严重，于是调度急救车的同时又报了警。

3分钟后，驾驶员杨谆驾驶第一辆120急救车，带着医生叶俊聪、护士刘丹火速赶到现场。眼前的景象令这些见证诸多死亡现场的急救人员惊呆了。

警车差不多也在同一时刻赶到，一部分警员参与救人，一部分开始封锁现场。

云AS2035公交车左前身被炸出了一个直径1.5米的大洞，车内到处都是飞溅的鲜血。车门打不开，叶俊聪从窗户翻进车厢，韩先明还守着已经气若游丝的女友王德芝，而躺在王德芝旁边的那名40多岁的女乘客鲜血淋漓："医生，我动不了了，我很害怕。"

"医生，我听不到了，什么都听不到了。"幸存的乘客都在呼救，刘丹提高了嗓门，吼叫："能爬出车窗的尽量爬，按顺序爬出去，到急救车里去。"

王德芝与身边重伤的女乘客被抬出了车厢，很快送往马路对面的昆明医学院附属第一医院急救，此时，云南省急救中心已经启动突发事件应急预案。

这一天本是昆明市长的市民接待日，接待地昆明体育馆就在离潘家湾不到500米处，新任昆明市委书记仇和与市长张祖林接到云AS2035公交车爆炸消息后开始火速赶往潘家湾。

韩先明临下车时，从女友躺着的地方顺手捡了一根肋骨，递给护士，顾不得满身的疼痛，他掏出女友放在他身上的手机。

数百里之外的牟定县共和镇军屯村委会宋官屯村，60岁的王维早正准备吃早饭，地里的农活还在等着他。

小女儿的男友韩先明打来了电话："不好了，出事了！出事了！德芝不行了，德芝不行了！"

王维早一下子蒙了，电话里，韩先明声音急促，周边警笛声不断，他还没来得及细问，韩先明就挂断了电话，整个通话，不过十多秒钟。

王维早丢下筷子，通知大女婿，他不知道小女儿究竟怎么了，但韩先明电话如此紧急，一定出了大事。

这是一个刚解决温饱的农家，王维早找遍了全家的抽屉也不过凑到了50多元钱，无奈之下求助邻居，借了两家，终于凑了1000元钱。

这个时候已经下起了小雨，5岁的婷婷在村口没有等来妈妈的身影，却从外公话里听到了妈妈出事的消息，她提出和外公一起去昆明看妈妈。

于是王维早抱着外孙女，和大女婿三个人走了一个小时的山路赶到牟定县城，到昆明的车票57元一张，王维早刚买好9时20分的车票，韩先明的电话又来了。

"爸，德芝死了！德芝死了……"韩先明在抽泣。

王维早脚底一软，坐到地上，醒过神后，赶紧退票："扣了我20元的退票费，但是我来不及了，我要尽快去看看女儿。"

这个平素连肉都舍不得买的老农花800元雇了一辆面包车，四个多小时的行程中，傻了一般坐在车里发呆。

（《新民周刊》2008年第031期　2008年8月4日出版）

真相调查

瓮安溯源

□《南方周末》 丁补之

从一个初中女生的非正常死亡，到县城震动，举国关注，中间不过短短六天。

在贵州瓮安县三中初二（6）班女生李树芬6月22日死亡当天，法医初步鉴定后，其家属被告知死因为“自杀溺水身亡”，三名现场当事人被释放。

第二天，其父李秀华提出质疑，提请再度全面尸检，并呈上急案侦破申请。

李树芬死后第四天，小城里传言四起。她的幺叔李秀忠在县公安局和民警发生冲突后，在路口被多名不明身份人员殴打，案件至今未破；其父加急申诉，要求政府“破案惩凶，以平民愤”。

死后第七天，从数十人高举条幅的游行，到瓮安县委、县政府和公安局办公楼被烧砸，逾万人聚集现场。

李树芬的家人现在已不愿过多谈论她的死因。少女李树芬不会想到，她的死，会让贵州省委书记石宗源直指：“瓮安不安，群众没有安全感，老百姓不敢讲真话。”在这短短六天中，围绕一个女生的死亡，逐渐累积的冲突和随之四起的流言如何引爆了一座城市？在这六天背后，又是怎样一座“不安”的县城？

沉默的西门河，四起的传言

事件的发生在最初并无征兆。李树芬死亡当天，她的家人并没有更多的质疑。同一天上午，三名事发时在场的当事人因被警方认为没有作案嫌疑，而被释放。

当李的家属去派出所找当事人时，发现都已经不在派出所。几乎同时，这三个人开始出现在传言中，“元凶是县委书记的亲侄女，另两个男生和派出所所长有亲戚关系，死者是被奸杀”。“亲人都陷于沉痛的悲哀中，一直没考虑到死者溺水前的关键性疑点，故没有提出剖腹及对下部分身体尸检。”李秀华如此描述最初的状态。

为保存遗体，李树芬的“干爹”谢青发为她租了一口冰棺，每天120元，冰棺被摆放在出事的大堰桥桥头。这座宽不到1.5米的水泥桥，两侧护栏高约半米，桥下约数十米宽的西门河流过，河中水草摇曳，最深处超过两米。河边并没有开阔地，冰棺被放在一个临时搭建的油布棚内。

有围观者信誓旦旦说暗夜里听到过令人毛骨悚然的凄厉“救命”声；有人说在岸边看到避孕套和血迹；河沿的一处青草地，被认为是作案现场。

少女李树芬之死，和官员、无良警察、冤情的传言裹挟在一起，传遍了这个不大的县城。

李树芬的家人开始认为有冤情存在，他们在6月23日提出再度尸检。现场见证尸检过程的外婆陆素珍肯定地说，尸检时“肚子里没有水，咽喉处有药丸”。

越来越变形的传言，流传在瓮安的大街小巷：“16岁的李树芬，因考试没给同班的一个女生抄写而被杀害”；“死者脖子多处伤痕！显然是被掐死的”；“瓮安副县长的儿子伙同另一个社会青年把瓮安县三中一女生淫秽强奸并残忍杀害丢入瓮安县西门河……”这个逼仄的地方，成为了一个舞台。从早到晚，闻讯而来的人群络绎不绝。人们带着自己生活中的不满来看这个死因不明的女孩。

他们慷慨解囊，在她的身上寄托了寻求公正的愿望，拿出或多或少的钱捐给李树芬的家属。多位市民对记者称，他们听说有人最多捐了3000元。“那人对她的亲属说‘钱你拿去打官司，我们支持你到底，不打官司的话就退给我’。”如同亲眼所见。

捐款者包括贩夫走卒。“有的农民，卖一天的菜，也没有多少钱，十元八元的全部拿了出来。”一位目击者说，捐款总数过万元。6月25日，发生了新的意外。在公安局，李树芬的幺叔李秀忠和民警张明发生冲突。事后，官方的材料说“两人发生扯皮李被打伤并不存在”，而李秀华在申诉上却说，他的弟弟李秀忠“在接受公安干警询问前就惨遭警察施以警棍与脚击伤”。

接着，李秀忠被主管单位县教育局叫去问话。随之在瓮安保险公司附近，李秀忠又遭到飞来横祸：他被几个身着便装的人暴打一顿。

李秀华自己在《加急申诉》中写道：“李秀忠被打……七孔流血，昏迷不醒，生命垂危。”并称，“爱女李树芬被他杀溺水，公安不予立案侦破……”这段经过又马上出现在传说中：“死者家属去报案，公安局反将死者亲叔叔打成重伤，放出后再唆使黑社会毒打，致其下午4时许医治无效死亡。”“冤情”愈发渲染扩大，传言愈演愈烈，但这些被政府明显忽视了。西门河水无声流淌，没有人注意到这里发生了什么，但一些幽微的变化却在酝酿积蓄之中。

到6月28日上午，瓮安县公安局向李树芬家属发送了《尸体处理催办通知书》，里面提到了李树芬是“自己跳河溺水死亡”，“死因已查明，李树芬尸体没有继续保存的必要”，限李家于6月28日14时前将李树芬尸体领回安葬，“否则，公安机关将依法处理”。

这激起了围观者的不满。到这天下午3时左右，两名高举“为人民群众伸冤”的白色横幅的中学生走在前面，数十人跟随，他们打算为李树芬游行请愿。

这些人当中，没有一个是李树芬的亲属。

无助的村庄，加入游行的移民

从大堰桥出发，折行一段，游行队伍喊着口号，走上了老环城路。

在老环城路一带的七星村，住着上千水电站工程移民。“6·28”事件之后，7月3日，贵州省委书记石宗源说，这次事件，表面的、直接的导火索是女中学生的死因争议，但背后深层次原因是当地在移民安置、建筑拆迁、矿产资源开发等工作中，侵犯群众利益的事情屡有发生。

石宗源所称的“移民安置”，便包括七星村的上千移民。这些移民，来自贵州省最大的水电站——构皮滩水电站工程。该工程涉及瓮安县内水库移民逾4000人，其中农业人口3000多人。早在2004年，因为安置补偿问题，移民核心来源区江界河村村民与政府工作人员之间就发生过纠纷。

村民回忆，2002年下半年，移民安置工程开始启动，整个江界河村九百多人都属移民之列，当时移民局列出的生产安置费约每人1.9万元，村民们普遍认为这个价格过低，移民局有截流相关费用。

另外在土地补偿方面，村民们也认为，果木的补偿价格太低，按照国家标准，果园每亩补偿1.6万多元，而他们得到的补助是每棵100元，折算每亩约7000元。一个对比是，邻近水文站获得的补偿是每棵1000元。2004年12月，在时任县长王勤带领下，包括省、州、县三级移民系统和长江委人士在内，来到江界河村。“我们问他们补偿为什么这么低。”村民说，“双方没有谈拢，他们讲不清楚，我们就不放他们走。”群情激昂的村民们扣住了车，封锁了路。因为江界河村邻近余庆、湄潭、遵义、开阳四县，其他四县的水库移民闻风而动，共有逾千人赶到了江界河以期“讨一个说法”。当时五县共有二三千移民驻扎在了江界河村。

包括县长在内的政府官员们被迫在此逗留了三天三夜，双方依然未能达成谅解。最后，当年12月16日，村民们等到的是大批的武警和公安。

冲突一触即发，据村民自己统计，包括妇女儿童在内多人受伤。“我们打120，没有人管。自己把伤员送到乡卫生院，他们也收到命令不允许收留病人。最后还是我们自己买来药品，给伤员包扎治疗。”上述村民说。

最后在武警、公安的护送下，官员们得以离开。

事发半年后，经多次协商，政府提供给34名伤员共计5000元医疗费，方才了结此事。但移民安置补偿问题依然悬而未决。

两年多后，2007年3月底，江界河村民们都收到乡政府通知，被要求在3月31日前搬迁完毕，“逾期不迁，后果自负”。2007年4月6日，在瓮安县政府负责人带领下，包括县移民开发局和公检法在内，逾百人的队伍开进江界河村，该村所有房屋被挖掘机强制拆除，拆迁者还将部分木屋点火焚烧。

不仅如此，拆迁者锯断了水位线下所有的果树，扯掉了全部的庄稼，未长成的青苗则被喷洒除草剂毒死。当时，桃李已经开始成熟，还来不及采摘。“当天晚上下起了大雨，东西全都被淋湿，人只好随便拉一些油布躲雨。”伤心的村民们度过了一个不眠之夜。如今原有的村居一片瓦砾，杂草丛生。

时至今日，仍有54户200多位移民留守村中。他们没有接受政府的任何补偿，在水位线上搭起临时草棚，全家人住在狭小的窝棚下，无水无电，仅靠水位线上幸存的田地和果树为生。甚至他们去乡政府做临时建筑工，也会被告知不需要他们这样的移民。“我们只是希望政策透明，补偿到位，可以在水位线上，安居乐业。”但他们只能依然在无望中等待问题的解决。

搬到七星村的上千移民，虽然接受了补偿安置，但他们同样认为，当时的补偿过低，他们目前依然为此而奔走。6月28日，在游行队伍经过后，一些原本为了补偿问题而奔走的移民就此出现在了队伍中。

活跃的黑帮，困顿的矿区

通过老环城路，这支由中学生领头的游行队伍拐到了北东路。北东路上坐落着瓮安三中，正是死者李树芬生前就读的学校。“学校安全感不够，一些同学也加入到帮会，他们还拿来炫耀，耀武扬威。”李树芬所在的三中初二（6）班，一位不愿意透露姓名的男同学说。

他说，在三中校门口，下午5时多放学后，几乎每天都有人打架。群架或者单挑，带着马刀、匕首、木棍等凶器。打架者包括学生和游荡在社会上的“小混混”，来自盘踞县城的各帮派。而据三中教导处的两位老师称：“学生打老师在这里也不是新鲜事了。”另一名学生介绍，加入帮会不仅是差生和男生的“专利”，在瓮安，要想安心学习，不为人欺，也必须要加入帮会寻求“靠山”，女生也是如此。

帮派成员并非仅活跃在学生间，这仅仅是帮派的最底层。据一位曾投资开矿的当地人介绍，在“金字塔形的结构”的上端，黑恶势力或隐藏或张扬于矿区，甚至与官权相勾结，以谋取利益。“如果不接受帮派的条件，一些矿很难开下去。”上述人士说，条件包括收取保护费，或者控制矿石的外卖，或者在矿企里享有干股等等，有些帮派成员则自己开矿。

在矿企和帮派夹缝中尴尬生存的，是矿区的村民。

在李树芬的老家、磷矿丰富的玉华乡，记者在牛宫村看到，流经村子的水，呈灰白的混浊。村民们说，从2002年开始，开矿就污染了村子的水源，并导致人畜饮水困难，庄稼绝收。但村民们向政府的投诉得不到回应，矿企则完全不予理睬。

不仅如此，开矿还带来水土流失，失去田地的村民只能得到很少甚至得不到矿企的赔偿。

在玉华乡岩根河村田坝组，随着矿井的掘进，村民们发现，地下水位越来越低，至2007年，一口农用井完全干涸，他们失去了主要的水源，人畜饮水以及灌溉用水发生困难。

一位不愿透露姓名的村民介绍说，田坝人找矿企理论，但对方称水位是自然下降，他们又多次找县、乡政府，但诉求得不到回应。他们无奈之下一度对矿企采取断电、堵井的行为，双方发生纠纷。

同年2月，新的开矿者来到田坝组，田坝村民提出开采前应达成协议，如果开矿过程中，影响了另一处仅剩水源的水位，须进行相关补偿，双方协商无果，村民们组织起来堵住了矿井。

这位村民说，随后3月15日瓮安县组织的工作组前来调解，村民们提出“一天不解决水源问题，一天不放人”，工作组被堵在村中三天三夜后，才得以离开。

到了去年4月29日，县政府通知村民代表前去开会“解决问题”，当天共有包括村长、支书在内的14位村民代表前往县政府大楼会议室。但据一位在场村民说，开会至中途，县公安局突然来人，带走了11名代表。

协调会变成了鸿门宴。“村里的人听说代表被抓了，几乎全组人赶到了县城。在公安局，他们拉起警戒线，不让我们和代表见面，混乱之中，双方发生冲突，连代表在内，全组共有22人被抓。”上述在场者说，事后，这些村民被认定为冲击政府机关。

死者李树芬的“干爹”谢青发，正是玉华乡田坝组人，也曾参与上述事项。

几乎同样的行为，不知是江界河村民的幸运还是岩根河村民的不幸，上述村民代表中，最后有7人被以“聚众扰乱社会秩序罪”判刑，最短的两年，最长的六年。

当游行队伍经过时，对纠结一体的政府工作人员与黑帮组织隐忍已久的矿区居民也被瞬间点燃，尾随的人越来越多。一位目击者说，道路两边的许多商家甚至临时停止了营业，拉下卷闸门，紧紧跟随。

7月3日，贵州省委书记石宗源认为，在处置一些矛盾纠纷和群体事件过程中，一些干部作风粗暴、工作方法简单，甚至随意动用警力……一些干部工作不作为、不到位，一出事，就把公安机关推上第一线，群众意见很大，不但导致干群关系紧张，而且促使警民关系紧张。

贵州省委副书记王富玉认为，有的干部队伍不纯洁，与黑恶势力相互勾结，充当黑恶势力的“通信兵”和“保护伞”。“6·28”事件后，贵州警方迅速成立专案组，并在一周内排查出分属六个帮派的涉案黑帮人员共计249名。其中最大的“玉山帮”组建于1998年，有大小头目50多人。存在于瓮安10年的黑帮，一朝倾覆。

7月3日，瓮安县公安局局长和政委被建议免职；随后，7月4日，该县县委书记王勤、县长王海平被免职。

不安的小城，脆弱的干群关系

当游行队伍离开北东路，来到文峰中路时，人群已经从最开始的数十人，聚集成了千人之众。

事后总结此次突发事件的教训时，7月2日下午，在黔南州深化打黑除恶专项斗争动员大会上，该州州委书记吴廷述质问在座12县市的党政负责人，事情6月22日发生，瓮安也重视了，并成立了工作组，一直到28日上午还在谈，“怎么到了下午3时，突然就变了呢？”吴廷述表示，想不通怎么开始是两三百人打横幅，到了县政府已有四五千人，这过程中政府怎么就没人知道，没有人疏导？

沿着文峰路，沿街商铺中最多的是“寄卖行”和“休闲按摩”，一位知情者说，“寄卖行”的实质是当铺和高利贷，背后则是帮派，甚至有公职人员隐没其中。

瓮安官方资料对该县的介绍说，瓮安是革命老区县、全国绿化造林百佳县、全省双拥模范县、全省社会治安综合治理平安工作红旗县。

但一位出租车司机称，瓮安是个不安的城市，“晚上11点钟后我肯定要回家了，那时候就是帮派出没（的时段）”。一位名叫冯中明的家长则向记者哭诉，自己9岁的儿子在去年被人毒死，但至今求告无门。

就在6月28日前两天，6月26日晚10时多，文峰路上“长沙水泵专营店”的老板敬铁民就遭遇了一起蒙面持枪抢劫。“两个人各拿一支枪，大模大样就走了进来。”敬铁民说，两把枪指着他的头，要他拿出所有的家当。歹徒放下卷闸门，撕开床单将敬家三口绑住，抢走敬家两部手机和敬铁民身上的1000元钱后离开。“我拨打110，四十多分钟后警察才赶来。”敬铁民认为警方动作太慢。

前年的一天晚上，三中的一名学生刚出校门就被杀了。上个月，一名女中学生突然“不在了”，最后在梅子树的一块玉米地里找到了尸体，是被人勒死的，至今案子也没有破。“我每天都要去接孩子回家，否则我会不安心的。”一位石姓家长说，虽然孩子上高中了，但是社会太乱，不放心。当地流传着“好人散了伙，坏人结了帮，治安搞不好，难以奔小康”的顺口溜。

公开资料显示，据该县警方通报：2007年9月12日、9月19日、9月22日和9月26日，在瓮安县城区的县审计局宿舍、金龙花园、北门水井、步行街等处，连续发生4起爆炸案，系列案件至今未破。

贵州省委副书记王富玉认为，瓮安发生“6·28”事件的一个深层次原因是社会治安状况差。对县城有组织的帮派虽有打击，但未从根本上铲除，“两抢一盗”、打架斗殴案件时常发生，年发刑事案件达600—800起，破案率仅为50%左右，发生的一些刑事案件不能及时侦破，积案较多，群众缺乏安全感。

在街上的汽车被点燃时，公安人员劝阻不了，但一个商店的小老板对人们说：“那辆车是我的，要用，你们就不烧了。”打砸人员果然放过了这辆车。

黔南州委书记吴廷述据此感叹：“为什么打砸人群不听我们的话，却能听他们的话？为什么干群关系会紧张成这个样子？”“6·28”之后，在瓮安，每天从早到晚，县城里督促打砸抢烧人员自首的广播一直不断，大街上列队的武警和警察不时走过，在县党委和政府大楼路口，有武警24小时站岗。一位出租车司机对记者说："这是瓮安治安最好的时刻。"最生动的对话发生在省委书记石宗源和一家盲人按摩店从业人员之间。当问起店主住在县公安局旁边觉得是否安全时，面对店主欲言又止的回答，石宗源表示歉意说："我们党委和政府的工作没有做好，瓮安不安，群众没有安全感，坏人越来越多。"而该店中一名打工人员不愿透露姓名时，石宗源再次自责："瓮安不安，老百姓不敢讲真话，是我们的责任。……政府不能打击坏人，让老百姓受苦了。瓮安不安，正不压邪。"他为此三度向瓮安人民道歉。"事件发生时先是有学生游行，然后聚集了上千群众围观，但事前党委、政府和公安机关都没有任何信息。信息不灵，思想准备不足，应急预案没有，以至于事件发生时束手无策。"7月3日的会议上，王富玉认为："概括地讲，当地积案过多，积怨过深，积重难返。""'6·28'事件看似偶然，实属必然，迟早都会发生！"石宗源说。

愤怒的人群，一触即发的现场

6月28日下午3时30分，在文峰路上，瓮安市民胡师傅看到，游行的队伍浩浩荡荡，人们高喊着口号，向县委和政府大楼进发，他加入了这个队伍。

当队伍来到县委和政府办公楼时，人群已会聚了逾万之众，里面有学生、移民、店主、碰巧在县城的村民、服务员、按摩女，甚至公务员、警员家属，男女老幼——这个县城的所有阶层。

胡师傅说，在县委和政府办公楼，带头的学生从一楼走到五楼，并没有找到相关的人员。当天是星期六。"如果这时候有负责人出来和大家协调沟通，哪怕有个人拿喇叭喊几句疏导一下，都可能不会发生后来的事件。"胡师傅认为。

因为李树芬事件是由公安局处理，游行的人群转而前往县公安局"讨一个公道"。

一直靠前的胡师傅看到，警察在门前拉起了警戒线，让两位学生进办公楼大堂沟通。"他们一把扯过了条幅，学生不允，伸手夺回了条幅，双方发生了冲突，学生和警察之间，发生了扭打。"胡师傅说，"见到学生挨打，更多的人冲过警戒线，冲进去帮忙。"这时候，全副武装的防暴队员出现在视野中，他们的警棍伸向人群。

贵州省委书记石宗源此后指出："决不能动不动就把公安政法机关推到

第一线，更不能用人民民主专政的手段来对待人民群众。否则，岂非咄咄怪事！”石宗源并要求，要严查彻究在此次事件中严重失职渎职的干部特别是领导干部的责任。

人群哄然，见到学生被打而愤怒的人们操起手中的矿泉水瓶、公安局办公楼前的花钵和随手能触及的任何物品，砸向县公安局大楼。“完了。”胡师傅说，那一刻他意识到，人群已然失去了理智，局面再也无法控制了。

这时候，导火线是什么已经不重要了，重要的是，如同积聚已久的火山偶然找到一条原本微小的缝隙，一座“不安”的县城就此爆发。

(钱昊平、郑廷鑫、罗道海、王霞对此文亦有贡献)

（《南方周末》 2008年7月10日）

仙桃“黑老大”和他的“班子”

揭秘湖北黑老大当街扫射杀人团伙

□《法律与生活》 冰客 索明全 张学平

2008年2月2日下午，湖北省十堰市中级人民法院依法公开对仙桃刘烈勇等21人涉黑团伙案件作出一审判决。至此，一个称霸仙桃的黑社会犯罪集团彻底覆灭，得到了他们应有的下场。记者采访了办案民警及审判人员，获知了这个黑社会犯罪集团的累累罪行。

黄昏枪响，“黑吃黑”命案震惊公安部

湖北省仙桃市的天怡大酒店位于仙桃市区，这里平时就有很多食客和行人来往。2005年12月29日下午，这里繁华依旧，仍显得像往常一样平静，谁也没有料到一场血腥惨案正在悄然降临。

17时30分，仙桃生意场上的“风云人物”胡东风带着时年6岁的儿子应邀和几个人一起到酒店旁的天怡食府吃饭，刚出酒店不久，胡东风的儿子哭着要上厕所。于是，胡东风请一名朋友将儿子带去上厕所。随后不到2分钟，胡东风走出酒店，马路边的一辆面包车上突然下来6个年轻人，他们均面戴“狗钻洞”黑色面罩，穿一身黑衣服，手持猎枪。几声枪响，胡东风倒在血泊中，不治身亡。随同胡东风的杜某见有人开枪，遂掏出手枪还击时，被一蒙面人击伤。据称，当场有数名群众被误伤。事发现场，猎枪的子弹四处飞溅，打在300米远的玻璃上啪啪作响。

事发现场马路对面是一个维修店，距离案发地点只有300米，该店内有一男一女两名店员。回忆事发的惊魂一刻时他们说：当时他们正在店内等顾客上门，突然听见砰的一声巨响。刚开始他们以为是有人在放礼花，但紧接着，柜台的玻璃被小颗粒打得啪啪直响。男店员喊了一声：“不好，有人开枪了！”于是，两人赶紧趴在地上，一动不敢动。随后，他们又听见几声枪

响。约2分钟后，两人见外面平静下来，才敢探出头来张望。这时，他们才发现对面酒店门口已围着一大群人，走近一看，一名男子倒在血泊中。

案发后，仙桃警方立即成立了侦破专班，专案组在全市公安系统内抽调业务骨干，专人专车进行侦查抓捕。此后，公安部和湖北省公安厅的有关专家亲临仙桃指导办案。经过侦查，犯罪嫌疑人锁定为仙桃“黑老大”刘烈勇，专案组民警先后抓获5名涉案人员，而刘一直在逃，被公安部列为B级通缉逃犯，悬赏万元缉凶。

为抓刘烈勇，该市警方在省公安厅支持下成立缉捕专班，历时8个月，先后奔赴广东、上海、浙江等省市，行程2万余公里。2006年10月14日晚上8时30分，专班民警在武汉一大型小区将刘烈勇抓获。10日后，该案由省公安厅指派十堰市公安局异地侦查管辖。此后，以该案为突破口，专案组共抓获该团伙成员21名。

据当地市民介绍，胡东风举行葬礼时，仙桃城区沔阳大道上交通完全瘫痪。200多辆小轿车在街上徐徐前进，其中有不少奔驰和宝马，这些小车一律戴白纱、黑箍，引得不少市民驻足观看。车队旁，有不少警车监视，以防出现治安问题。

随着“黑老大”刘烈勇的落网，一个仙桃黑恶势力犯罪集团浮出水面。经侦办查明，2005年10月，被告人刘烈勇家大门遭人枪击，刘烈勇怀疑是胡东风所为，遂与被告人杨威预谋报复，并安排杨威负责组织实施。之后，被告人杨威积极策划组织，由被告人黄学志负责盯梢胡东风的行踪，准备了枪支、子弹、车辆等作案工具，并纠集被告人陈小辉、韦文辉、曾扬眉、曹忠艳、陈勇兵先后持枪窜至仙桃市天诚国际大酒店、花源酒店守候胡东风，伺机作案，均未果。

2005年12月28日晚，7人闻讯胡东风的车在天怡大酒店停车场后，即赶到天怡大酒店停车场内守候。29日17时许，当胡东风从天怡大酒店客房部向天怡食府方向步行，在经过被告人杨威等人守候乘坐的面包车时，除被告人刘双才留在车上接应外，其他6人蒙面持枪冲下车，陈小辉先向胡东风开枪射击，与胡东风一起的杜某欲掏枪还击，陈小辉开枪击伤杜某左肘部后，又开枪将胡东风击倒在地，杨威、韦文辉、曾扬眉、曹忠艳、陈勇兵随即上前朝趴在地上的胡东风身上补射。其间，在天怡食府门外的群众王某、周某的下肢、左手被击伤，被告人曾扬眉被杜某击伤。作案后，被告人刘双才驾车接上杨威、陈小辉、韦文辉、曾扬眉、曹忠艳、陈勇兵逃离现场。胡东风经抢救无效，于次日死亡。经法医鉴定，胡东风系被他人用霰弹类火器射伤，致大面积创伤失血性休克死亡，王某、周某、杜某均为轻微伤。

成立“班子”，“黑老大”称霸仙桃

今年40岁的刘烈勇出生于仙桃，住仙桃杜湖农场，初中毕业后即开始在社会闯荡。1989年3月，他因犯盗窃罪被仙桃市人民法院判处有期徒刑三年零六个月。出狱后，他不思悔过，1992年7月再次因犯盗窃罪被仙桃法院判处有期徒刑两年零六个月。2001年2月，他又因犯故意杀人罪被判处有期徒刑4年。

然而，这名久经牢狱“历练”的“三进宫”汉子，不仅没有在改造中幡然醒悟，反而将“蹲监”经历作为闯荡江湖的“资本”。刑满释放后，变本加厉，即纠集韦文辉、周辉(另案处理)等狱友和社会闲散人员，并通过韦文辉、周辉介绍，与杜勇、陈小辉等人纠集在一起，先后在仙桃市通海口镇、天门市等地开设赌场，大肆非法聚敛钱财。刘烈勇为扩充势力，采用拉拢利诱手段，陆续将杨威、黄学志、刘双才、韦文龙、周刚、马少波、杨勇、危金旭等人笼络在一起，逐步成为仙桃市有名的“班子”。刘烈勇为武装其“班子”，壮大“班子”实力，采取“借用”、购买等方式非法获取枪支7支，先后由韦文辉、杨威保管，并在其后实施的一系列违法犯罪活动中，发挥了重要作用。几年来，刘烈勇带领、指使上述人员大肆进行各种违法犯罪活动，形成了以被告人刘烈勇为组织、领导者，以被告人杨威、陈小辉、韦文辉、黄学志、刘双才等人为骨干成员的黑社会性质组织，在仙桃“名气”很大，称霸一方。他们非法控制仙桃市水泥销售市场和屠宰行业，强行入股烟花爆竹市场，插足公交运营，严重影响了仙桃市的社会生活秩序和经济秩序。

2003年7月，刘烈勇以干股的形式进入仙桃市某物资贸易有限公司。为了垄断仙桃市城区的水泥销售市场，该公司非法成立以黄学志等人为主要成员的稽查队，负责在仙桃市区和318国道沿线进行非法稽查，严格控制非“华新”牌水泥进入仙桃市场，杨威、陈小辉、韦文辉、杜勇等人参与非法稽查。被告人黄学志等人在进入仙桃市的主要道路上、水泥销售门市部等地，采取扎汽车轮胎、砸车、殴打司机等手段，对运输外地水泥的车辆、人员进行阻截，使外地水泥无法进入仙桃市场，非法控制了仙桃市的水泥销售市场。

2004年4月，被告人黄学志因自己想入股某烟花爆竹专营有限公司被拒绝，就以烟花爆竹市场有利可图为由，怂恿刘烈勇入股仙桃市该烟花爆竹专营有限公司。刘烈勇遂出资5万元人民币，指使黄学志到该公司入股，并亲自找到该公司经理柳某要求“入股”，柳某及兴发公司股东因惧怕刘烈勇而不敢直接拒绝，收下由黄学志交来的5万元。刘烈勇因得知在分红中没有给他股东待遇，威胁公司经理柳某，柳某及该公司股东被迫给刘烈勇30万元的股金。尔后，刘烈勇以该公司股东的名义直接操纵公司事务，并多次从公司共“支取”16万元人民币。

2005年5月，童某、李某等人承包了仙桃市某食品有限责任公司肉联厂。为了打压其他竞争对手，李某等人找到刘烈勇帮忙。刘烈勇在每屠宰一头猪提成12元人民币的要求得到满足后，即派手下成员马少波、周刚等人到该肉联厂参与非法稽查，利用刘烈勇团伙的恶名，强行拦截、没收非九珠肉联厂的肉品，使仙桃市城北、昌盛、新生等市场的经营户不敢再经营其他公司的肉品，部分经营户因无法经营而退出市场，九珠肉联厂基本控制了仙桃城区猪肉销售市场。

2005年8月，刘某承包1路公交线后，为排除延长线路等方面的阻碍，减少麻烦，便承诺每年给刘烈勇8万元好处费，利用刘烈勇的“名气”打压其他竞争对手。刘烈勇为了维护自身的利益，安排手下成员韦文龙、危金旭、杨勇、马少波等人上路“巡查”，非法行使公路运输管理权，对其他客运人员和发生纠纷的乘客使用暴力手段，从而达到了欺行霸市、霸道经营的目的。

等级森严，黑帮“班子”规矩多

刘烈勇通过组织他人在仙桃市通海口镇开课(指开设赌场敛财)场面大，组织得好，混出了名气，遂逐渐形成了以其为首的“班子”。所谓“班子”就是指讲义气的一帮朋友在一起混，有事互相帮忙，搞些打打杀杀的事，带有黑社会性质的非法团伙，团伙有老大，有刀、枪，刘烈勇是班子里的老大，团伙成员都听他的。“班子”成员之间有一定的等级，不能随便到刘烈勇家，不经刘烈勇同意不能同桌吃饭。刘烈勇手下有兄弟，其兄弟的手下又有兄弟，以此类推。“班子”成员通过打压社会上混的其他“班子”的老大，扩大他们的影响，增加他们“班子”的名气和狠气，使其他黑社会“班子”或老百姓都知道他们的厉害，不敢惹他们，惹了他们，就要搞对方的人。同时，他们利用打下的“名气”，很方便地搞些工程实体或插手搞些经营，从中赚钱养活“班子”兄弟。而在进行违法犯罪活动时，因为都是为了“班子”利益，大家团结一致，统一服装，听从组织，服从安排，“班子”成员间相互帮忙、配合默契，也显示出“班子”的威力和名气。

同时，进入“班子”后还有严格的规矩：不准吸毒，讲团结，不要在外面丢脸，在外面扯皮要搞就搞赢，“班子”内部还有严格的分工，对于处理扯皮或组织“班子”成员干什么事，刘烈勇均不亲自去干，而是一级一级地安排办理。此外，对内管理家务和出门跟随当保镖的几人，则吃住在刘烈勇的家里，给他看家护院，出门时跟着当保镖，帮他开车、拿包、上烟点火、开关车门，“总管”同时还负责在酒店吃饭埋单，刘烈勇则将自己所获的利益用于“班子”成员的日常生活及逃避打击。对于手下兄弟，则每月发放工资，弟兄们犯事后，则要送钱上账、看望。

在仙桃的黑恶势力中，数刘烈勇的势力最大，一是“班子”上兄弟多，二是比较有钱。刘烈勇结婚、孩子满月和盖新房时，3次共收礼金100多万元。

正义宣判，恶徒纷纷领刑

2007年12月25日，十堰市中级人民法院审判大庭内座无虚席、庄严肃静，刘烈勇等人涉黑团伙案在十堰市中级人民法院开庭审理。法庭内外戒备森严，数十名法警、武警和民警在法庭内外维持秩序。开庭当日，公诉人仅念起诉书就花了近1个小时，整个庭审共持续3天。

据法院审理查明，自2001年至2005年11月，以刘烈勇为首，杨威、陈小辉、韦文辉等人为骨干的黑社会犯罪团伙，以各种方式非法获取枪支7支，在仙桃市城区及周边地区为非作歹、欺压百姓，大肆进行各种违法犯罪活动，造成1人死亡、8人重伤、3人轻伤和5人轻微伤的特别严重的后果，对仙桃市的社会生活秩序和经济秩序造成极其恶劣的社会影响。同时，该团伙还将非法敛聚的200多万元钱财用于供养该组织成员以及为组织成员逃避打击提供经济支持。

据办案法官介绍，该团伙成员还参与多起故意伤害案，分别致数人重伤、伤残、轻伤、轻微伤等。此外，该团伙成员的行为还分别构成非法持有枪支、弹药罪，赌博罪，寻衅滋事罪，敲诈勒索罪，窝藏罪等多项罪名。

2008年2月2日，十堰市中级人民法院以犯组织、领导、参加黑社会性质组织罪，故意杀人罪，故意伤害罪，非法持有枪支、弹药罪，赌博罪，寻衅滋事罪，敲诈勒索罪，窝藏罪等罪名，对21名涉案成员作出一审判决。其中，黑社会头目刘烈勇、陈小辉被判处死刑，团伙骨干成员杨威、韦文辉被判处死刑、缓期两年执行，骨干成员黄学志、陈勇兵被判处无期徒刑，其他15名成员分别被判处1年到20年不等的有期徒刑，并处罚金1万元至10万元，判决中仅判决书就达136页，案卷16卷，厚达两尺。

（《法律与生活》2008年第006期　2008年2月15日出版）

信阳“禁酒令”风波始末

□《南风窗》 石破

如果没有河南省酒业协会“搅局”，信阳市委、市政府的“禁酒令”还不会在全国引起这么广泛的关注。

信阳“禁酒令”是2007年1月初开始实行的，当时的影响仅限于信阳市内。去年末和今年初，多家媒体报道和讨论信阳“禁酒令”，截至今年2月18日投票截止，在人民网评选的“2007年十大地方新政”中，信阳“禁酒令”的票数名列第二。

豫酒困境

“我们不是反对信阳‘禁酒令’，只是质疑。”河南省酒业协会会长熊玉亮说，“酒企把情况反映到协会，协会不能不表述一下意见。”

酒业协会对“禁酒令”最初的异议，出现在2007年12月22日，熊玉亮在全省第四季度名牌骨干白酒企业联席会上的讲话。他在谈到“协会近期工作”时说：“针对部分省辖市党委、政府规定的‘禁止公务人员在工作日中午饮酒，明知故犯者，就地免职’的规定（俗称‘禁酒令’），经咨询这是明显的违法行为。公务员中午喝酒，是公民个人生活领域，只要不影响工作，公共权力就不能干涉私人生活。对饮酒影响工作的可以按《公务员法》处理，而不能超出法律规定制定文件代替法律。协会待汇集行业意见后拟向省人大常委会法工委、省政府法制办反映，要求修改或撤销这一规定。”

当时，河南省除信阳市之外，还有南阳、许昌、开封、商丘、驻马店等城市也提出“禁酒令”，另有一些城市正准备搞“禁酒令”。同时，河南省公安厅、省工商局、质检局等单位亦在本系统内提出过类似“禁令”。

河南酒业协会会长熊玉亮针对“禁酒令”的这番讲话，有个大背景，就是本省白酒行业目前面临的困境。

河南白酒最好的光景是20世纪90年代，到1998年达到顶峰。当时河南的白酒产量居全国第三，宋河、宝丰被评为全国名酒，还有一大批省优、部优酒。仰韶、宋河、林河、宝丰、赊店等白酒品牌都在中央电视台做广告，每年一掷3000万元。

河南的白酒企业，最初都是当地政府办的，所谓“当县长，办酒厂”。因为白酒的利润率超过200%，资金周转也很快。

但是，到1999年，豫酒就跌入了低谷。一是国家税收体制调整，酒类企业的增值税、消费税都让国家拿走了，地方办酒厂的积极性不如过去了。二是从20世纪90年代中期开始，河南白酒厂急功近利，从四川大量购进原酒勾兑，丧失了河南酒特有的风格，反而培育出一大批川酒风味的消费者。

1999年至2001年，河南白酒连续3年产量下降、经济效益下降。1998年河南规模以上白酒企业的产量是42万吨，到2001年只有15万吨。

熊玉亮正是1999年9月从河南省轻工厅调来省酒业协会担任会长的。

熊玉亮说，从2002年起，随着制药、房地产等业外资本的进入，河南白酒行业又逐渐好转。但豫酒至今没有全国性品牌，所以很难做全国市场，应从实际出发，做好区域市场或家门口市场，有选择地做一些区域重点市场。

既然河南白酒主要在家门口销售，而白酒消费的主渠道之一又是公务、商务接待活动，各地争相出台的“禁酒令”，便可能会影响河南白酒的“复兴”大计。

公务用酒之争

因“禁酒令”而闻名全国的信阳处于我国南北交界处，既是南方的北方，又是北方的南方。所以信阳人既有南方人的讲究，表现在爱吃上；又有北方人的豪爽，表现在海喝上。但信阳公务员的工资收入全省最低，中午喝酒多数都是使用公款。

信阳市的主要公务、商务接待用酒是金谷春系列酒。“金谷春”是五粮液集团的品牌，但酒的产地却在信阳市淮滨县，它是采用五粮液集团的酒浆原液，在淮滨乌龙酒厂勾兑灌装的。这项合作，是10年前到淮滨县定点扶贫的中纪委工作队员为双方牵的线。“金谷春”系列酒的开发成功，迅速使乌龙酒厂成为当地龙头骨干企业，不仅增加了县财政收入，而且还推动了当地玉米、高粱、红薯等相关农产品的发展。

据乌龙酒厂一名领导说，去年该厂的销售收入比前年下降两成，主要原因就是信阳搞了“禁酒令”。这名厂领导的言论见诸媒体后，因为不合当前信阳政治的大气候，他受到县领导申斥，令其噤声。

信阳市监察局局长尹建基承认，“禁酒令”肯定会对白酒企业有影响。他说：“因为信阳公务员是当地白酒消费的主体。‘禁酒令’下达后，信阳白酒的销售如果不受影响，反而说明我们的禁酒无效果，逻辑上说不过去。但是，我们也调查过，金谷春的销售是分片的，虽然它在豫南片的销售受影响了，其他片没有受到影响。”

河南的白酒消费市场，公务、商务招待用酒是一大块。但公务招待用酒以“茅、五、剑”为主，处级以上干部基本上都喝茅台。熊玉亮说，他从茅台酒厂得到的消息，茅台酒全国销量的前三名是贵州、北京和河南。

熊玉亮说，河南酒的酒质还行，但是档次低，品牌不响亮。2002年河南各大白酒厂陆续改制后，都开始主推中高档酒。“茅台酒八九百元一瓶，它就真值那么多钱？喝茅台已经成了身份、地位的象征，成了面子问题。现在我们宋河的‘共赢天下’也卖到了400多元，宝丰、赊店酒也有二三百元一瓶的，喝豫酒也不丢面子了。而且外省人到河南，都想尝尝这里的地方风味，喝点河南酒。”

因此，从前年开始，由省酒业协会策划，河南省酒类企业的十几名全国及省级人大代表、政协委员在两会期间搞“关于在全省各类公、商务活动中使用河南名酒的议案”，连续提了两年，熊玉亮说“喝豫酒”的提案今年还要搞。

他说：“政府不是没有理睬我们，这事儿不能明说，他们实际上还是支持的。省接待办已给过我们答复，他们挑选了部分豫酒作为招待用酒。另外，今年我们给省委书记徐光春、省长李成玉写了信，希望两位省领导带头喝豫酒。李省长不喝酒，徐书记现在每逢重大招待场合都喝河南酒，起着亲身倡导作用。”

河南省酒业协会原为省轻工厅的二级单位，2003年机构改革后，轻工厅并入商务厅，酒业协会的业务主管单位亦随之变更。力倡“禁酒令”的信阳市市委书记王铁，曾当过商业厅下属的糖酒公司经理。2003年机构改革时，原商业厅的一部分职能亦并入商务厅，因此，现商务厅中高层干部中，有多名王铁书记以前的同事。

河南省酒业协会对“禁酒令”的质疑，本来想在今年省两会期间搞提案，但因被媒体提前曝光，遭到自己的业务主管部门——省商务厅喝止，就不再搞了。

禁酒令是否违法

亢银忠是河南德英杰律师事务所律师。熊玉亮讲话里提到“经咨询，这（‘禁酒令’）是明显的违法行为”，他所咨询的就是亢银忠。

接受河南省酒业协会的咨询委托后，亢律师写了一份近万字的《关于对信阳市政府对公务员中午禁酒的法律意见书暨酒类企业危机公关策划方案》，大致意思是：

公务员中午喝酒，是公民个人生活领域，只要不影响工作，公共权力不能干涉私人的生活问题。

《国家公务员法》中，并没有明确条文规定公务员中午不能喝酒，倒是规定了对公务员违纪的处分，应当事实清楚、证据确凿、定性准确、处理恰当、程序合法、手续完备。

对个别干部喝酒影响工作的，可以按照《公务员法》依法处理，而不能超出法律规定制定政府文件代替法律。

信阳市规定：对违反“禁酒令”的人员，督察组可以“先斩后奏”，处理后再汇报，还可公开曝光。这是和国家历来强调的“依法治国，依法行政，依法定程序处理违法者”的要求相违背的。

亢律师万言书的最后，建议河南省酒类企业进行“危机公关”，包括向省人大、政协、省政府、省监察审计等监督机关及媒体反映，要求上述部门进行监督，迫令信阳市委、市政府纠正其“禁酒令”。

然而，如果真像亢律师所言，“禁酒令”侵犯的是公务员的私权和个人生活领域，那么由酒类企业出头替公务员伸张权利（虽然是中午喝酒的权利），是否有申诉主体错乱之嫌？反之，如果“禁酒令”侵害的是酒类企业的合法经营权，酒类企业当然有权向有关部门反映，要求予以监督、纠正，但亢律师的意见书里却没有与此相应的事实、数据和请求。

对这个问题，亢律师沉吟一下，然后说：“信阳的公务员要受当地政府领导，就是有意见他也不敢申诉；其他地方的公务员，只要‘禁酒令’侵害不到他的权益，他也不会申诉。”

亢律师的言论曝光后，在网络和报纸、电视上引起纷纭争议。中国法学会行政法研究会副会长、北京大学法学院教授姜明安接受《人民日报》采访时说：河南省酒业协会及其委托律师对“禁酒令”提出异议，这种做法值得肯定，证明了中国人法治观念的提升。但姜又说，就具体事件而言，“禁酒令”是符合法治精神的。

亢律师是姜明安教授的崇拜者。对于姜教授的表态，亢律师很兴奋。他说他不反对“禁酒令”，反对的是“一刀切”。干部中午喝了酒，下午不上班，说明政府的管理有问题。如果他下午不上班就当不成公务员了，他敢这样做吗？现在不让他中午喝酒，但他晚上变本加厉地喝，喝得酩酊大醉，也会影响第二天上班，这个怎么处理？

亢律师又说，如果经过充分论证，“禁酒令”确实可行，我们有必要建议人大代表搞个提案，修改《公务员法》，干脆将“禁酒令”写进去！因为现在各地的“禁酒令”内容不一，有的是市里出台，有的是县里出台，还有的是部门出台，有些乱。

英国BBC、美国《纽约时报》、香港凤凰卫视等境外媒体也请求采访亢银忠律师。亢律师很兴奋，但他请示了自己所在的律师事务所领导后，谨慎地拒绝了采访要求。

微妙的省纪委“禁酒令”

信阳市纪委效能监察室的王主任说，“禁酒令”不是信阳市的发明，省纪委2005年就发过文件了。去年年初他们提出“禁酒令”，正是依据省纪委的这份文件。

河南省纪委的纪发〔05〕10号文件，题目是“关于严禁机关工作人员影响公务和形象饮酒行为的暂行规定”，其中第二条：机关工作人员饮酒应遵守下列规定：1.不准工作时间和工作日中午饮酒（下略）。

这份文件申明，本规定的适用对象是全省所有公务人员；如有违反者，情节较轻的，按管理权限由有关机关和单位进行批评教育，或给予组织处分；情节严重并造成恶劣影响的，给予党纪、政纪处分；涉嫌犯罪的，移交司法机关处理。

但省纪委文件的第二条第一款后面还有个括号：（重大庆典、重大对省外公务接待活动等除外）。河南多个省辖市在制定本地“禁酒令”时，都照搬了这个括号。

最早报道信阳“禁酒令”及省酒业协会异议的《河南商报》记者徐振江说：“为什么河南很多地方都搞‘禁酒令’，只有信阳效果明显？一是他们的禁令没有这个括号，二是他们有专门的督察组，逮住了就罚，所以干部不敢中午喝酒了。”

徐振江等记者曾到豫东某县采访，县里有关部门中午要设酒宴招待他们。徐问：“你们县不是有‘禁酒令’吗？”对方回答：“你们是重要客人，我们这算‘重要的对外公务接待活动’，可以除外。”

另一次，有个投资考察团到亦实行了“禁酒令”的某省辖市考察，中午市长设宴接待。开席前市长说：“很抱歉，因为我们有‘禁酒令’，我不能喝酒，我让副市长来陪大家吧。”市长走后，副市长说市长发了话，下午他不用上班了。他喝得酩酊大醉。

信阳市纪委效能监察室的王主任说：“我们信阳没有这个括号，不论什么人，不管什么情况，也不管他喝的什么酒，执行和处理都不留任何空间。”王主任说：“去年年初，省委徐光春书记来信阳，我们跟徐书记说了‘禁酒令’，徐书记都带头遵守。那些信阳籍的老将军（信阳的新县是红色老区，出过许世友等将军，人称‘将军县’）来了，中午也自觉不喝酒。”

去年年初，信阳市委、市政府的两个“一号文件”，是把“干部作风建设”和“优化经济建设环境”的号令绑在一起发出的。关于“干部作风建设”里有5条禁令，“禁酒令”是其中之一。

两个文件发出后，信阳市委、市政府随即成立了“信阳市干部作风建设、优化经济发展环境工作督察领导小组”，组长、副组长由信阳市委、市政府领导及市纪委书记担任，领导小组下设办公室，主任是市监察局局长尹建基。

尹建基说：“‘禁酒令’为什么信阳执行得好？不带括号和有专门机构督察这两个原因都对。但我觉得应该列为第一条的原因是：‘一把手’的决心大。因为中国的事情，只要‘一把手’不去认真，啥机制都能搞坏了。”

信阳“禁酒令”也确实被外界视作王铁书记的个人“铁腕”作风的体现。为了体现对“禁酒”督察工作的重视，“督察办”下设3个督察小组，组长都是特聘的退居二线的正处级干部。去年8月1日，王铁书记召开座谈会，总结督察经验，然后要求各县区都要成立督察组。

去年至今，信阳已查处了444名违犯“五禁令”和“十不准”的公务员，其中处分164人。这些公务员大部分都是因违犯“禁酒令”而被查处的。

刘贵荣是第三督察组的组长。她说开始时最大的阻力来自自己，担心会得罪人，但到现在，还没人跟督察组成员纠缠。“现在我们不敢说这个现象已经杜绝，只是问题越来越隐蔽了。像公安系统早就有‘禁酒令’，但干警外出时喝酒，领导就不容易发现；乡干部到村里搞调研、参加农村的红白喜事时也会喝酒。还有的干部头天晚上喝酒多了，影响第二天工作，也不行。

只要我们测试出他有酒味，就视为今天喝酒。”

刘说，针对日渐隐蔽的问题，他们几个督察组正在研究新的对策。

矛盾的禁酒心理

由于没想到“禁酒令”会引起这么大的反响，信阳市的相关部门表现出矛盾心理：一是既想宣传现在“禁酒”的成绩，又不想把过去的风气说得太不堪；二是既想把“禁酒令”执行得雷厉风行，又想避免引起“是否违法”之类的怀疑和争议。

关于信阳市对媒体声称的“‘禁酒令’实施半年来，节省招待费4300万元”这个数字，尹建基说：“我认为这个数字没有夸大。有人说半年节省4300万元，一年岂不就上亿元了？信阳市的招待费该有多少亿呀？但按照大家公认的数字，全国公款吃喝一年3000亿元，分到每个地级市又是多少亿呢？我认为信阳还不算多。公务招待费是个很模糊的东西，虽然国家有规定，只能将财政预算的2%用于公务招待，但这个费用各部门的财务报表上都不显示，却每天都在发生，所以你也不知道哪个市究竟有多少招待费，它是国家财政管理的一个空白，是管理制度上的缺陷造成的。”

尹又说，4300万的数字，是按照信阳每个市、区直属单位及每个乡镇每天一桌酒席来算的，“实际上，随便到一个乡镇，经常中午都有几桌客人”。

自从郑州的亢律师发飙，认为信阳“禁酒令”违反了《公务员法》，并有侵犯私权之嫌后，信阳方面在宣传成绩时都谨慎起来。市纪委效能监察室的王主任说：“所谓‘就地免职’是媒体说的。我们对违犯规定者，是严格按照《公务员法》、《中国共产党纪律处分条例》和《行政效能监察暂行办法》等进行处理的。免职只是一种组织措施，对于错误情节恶劣的公务员，有必要暂时停止他的职务，以便于进一步调查，调查后再按规定处理。免职不是撤职，没犯错误的干部，因工作调动等也可以免职。”

市监察局局长尹建基说：“处理与处分不同。处理包括检讨、通报批评、免职等，处分是正规的处罚，党员干部犯错误到一定程度才会受到处分，包括党内警告、行政警告、记大过和撤职等。”

至于“督察组可以先斩后奏”这个说法，在刘贵荣持有的“特别督察证”上是如此表述的：“持证人对督察过程中发现的问题，有权当场提出处理意见，并报市督察工作办公室，同时监督相关部门落实到位。”

尹建基局长说：“我们是这样提的，但督察组还是要汇报。可以先让违犯者写检查，停止工作，这不是处分。等到调查报告上来，我们进一步核实情况，再按干部管理权限处理。”

尹建基表示：“我们处理了这么多公务员，没有一个申诉的。人民群众对此也很满意，说明过去的做法是不合适的，现在的做法是合适的。今年2月中旬，河南省纪委调研室专门来信阳调研‘禁酒令’，省纪委的调研肯定了我们的做法，并将材料报到了中央。”

自从信阳“禁酒令”引起全国反响后，已有江苏、福建、吉林、黑龙江以及省内的开封、商丘、许昌等地有关部门前来取经。

值得深思的是，全国共有多少消费品生产和服务性行业，是依靠公务消费繁荣起来的？政府财政透明化、从源头上管理公务消费、降低行政成本，加强人大监督等根本之策，听来已不新鲜，最终惹来八方关注的，却不过是一纸午饭不让人喝酒的“禁酒令”。

（《南风窗》2008年第006期　2008年3月12日出版）

在任1700天受贿1700万

陕西省高速集团原董事长陈双全的受贿“高速路”

□《新京报》 杨继斌

终审那天，患有糖尿病的陈双全，面部有些浮肿。

参加庭审的人说，在陕西省高院的法庭上，当听到核准死缓判决时，陈双全表情镇定。签字时“全”字最后一横没写清楚，他用笔描了一下。

这一天是6月25日。同日，西汉高速公路朱雀隧道口至涝峪口段，几十辆重型机械正翻建竣工于去年10月1日的高速路。该路段的问题去年12月暴露出来。

西汉高速路的总指挥陈双全，去年12月，被开除党籍并移送司法机关。

2008年4月16日，西安市中院一审认定，从2001年4月至2006年1月，陈双全任职陕西省高速公路建设集团公司（下称“高速集团”）董事长的1700多天里，总共受贿折合人民币约1700多万元。

曾经的争议市长

“要么，你就使尽所有招数，非把老虎干掉不可；要么，你就被虎消灭，一败涂地”——陈双全

陈双全1946年生于陕西富平县东上官乡，少时经历无可考。1970年，他从西安交大毕业，至铜川整流变压器厂，曾任科长、副厂长等。

1983年，陈双全步入政坛，历任铜川市城区区委副书记、区长、市建委主任、副市长等。1996年4月当选市长。

至今，陈仍是铜川的争议人物。有人将他称为“铜川改革开放以来最好的市长”。

当年陈出任市长后即着手治理环境，1996年底将11座污染源全部搬离市区，深得百姓好评。陈双全还大力进行旧城改造，建设新区。

根据中国文学院副院长鹏鸣的报告文学《绿色之梦》的记录，陈双全有独特的做事风格："对待工作，就是要造成骑虎之势。要把自己逼到危险境地，要么，你就使尽所有招数，非把老虎干掉不可；要么，你就被虎消灭，一败涂地。"

不过，铜川民间对新区建设颇为诟病。陈双全被传从新区建设中获得巨大利益。

从陕西省纪委的调查结果看，陈在出任高速集团老总前，无受贿记录。

2001年4月，陈双全调离了铜川。

据陈双全一审的辩护律师齐章安讲，陈双全当时并不愿重回企业系统。他觉得自己的仕途结束了。齐认为，这是陈上任伊始便大肆受贿的原因之一。

在铜川新区的一个公园里，陈双全留下了一个4米多高的"双拳"雕像。双拳手执铁链，孔武有力。当地人认为，双拳谐音"双全"。

7月5日下午，在"双拳"雕像附近乘凉的濮姓老者说，没想到双拳握铁链，竟成了陈双全落马的谶语。

插手招投标

子公司的负责人说，陈双全提前内定了施工单位中标名次，并要求他们按此操作

陈双全是陕西高速集团的主要筹建者之一。

2001年4月16日，陕西高速集团正式挂牌，该公司是陕西省高速公路建设和运营管理特许经营的大型国有独资企业，同时还涉足高速公路机电交通工程、绿化及贸易、房地产、酒店、证券、信托投资等领域。

此前的3月，陈双全被任命为党委书记，4月3日被任命为董事长。同时兼任西汉高速路建设指挥部总指挥、招标领导小组组长和咸阳机场高速路招标领导小组组长等。

从此，陈的"高速"受贿之路也开始了。

"陈的问题，主要是通过插手招投标，来实现权钱交易。"陕西省高院参与审理陈双全案的法官王海峰说。

陕西高速集团下设黄延、西汉、西禹和高速开发公司四个独资子公司。依章程，子公司招标应独立进行。

2001年下半年，陕西筹建黄延高速路。"董事长陈双全插手干预，提前

内定了施工单位中标名次，并要求我们按此操作。”黄延公司董事长杜新科说。

据西汉公司董事长赵久柄讲，陈双全对招投标的干预主要是两种方式。一是打招呼，让一些单位通过预审；二是内定中标单位，将报价透露给那些单位。

对此，陈双全自己也承认。

“子公司人事、组织均由集团管理，没有子公司领导会拒绝陈的要求。”王海峰说。

从2001年4月到2002年11月，陈双全共收受中铁十二局西北工程指挥部工程处原处长安福强130万元，帮助其公司中标。

在同安福强打交道的过程中，安福强的“才华”打动了陈双全。2002年9月，陈任命安为黄延公司副总，后又调到西汉公司。

此后，安福强为多家单位向陈行贿，牵线搭桥。

安福强在法庭上说，招投标过程中，陈双全会交给他内定中标单位名单，并安排人将标底通知他，他计算报价后通知名单上的单位。

中铁三局二公司副总刘志刚回忆：“我问中间人能否提前获知标底，中间人说到时候会有人通知我。”

开标的前晚，有陌生人打电话给中间人告知工程标底和报价。刘志刚修改了标书，顺利中标。

打电话的“陌生人”便是安福强。为完成此类工作，他买神州行手机卡，随后扔掉。

利用这种方式，陈双全先后向12家公司（13次）提供标底和报价。

行贿者多为国企

陈双全受贿优先考虑国有企业，因为国企“比较安全”

陕西省高院的《刑事裁定书》显示，12家曾向陈双全行贿的公司中，11家是大型国企，一家民营企业。

齐章安说，陈双全看不起民企，觉得民企都是个体户，工程质量不能保证，民企的钱他一般不接。

陈双全在法庭上说，国企工程质量有保证，就不容易暴露背后的经济问题，比较安全；另一方面，国企有办法做账。

据参与审理陈双全案的法官讲，陈的“信用”很好，除一家公司的一次行贿没能中标（二次行贿中标了）外，所有行贿者全中标了。

此外，有的单位向陈行贿，是请求不要阻止他们中标。中铁十八局在黄延和西汉高速路竞标过程中，送给陈双全20万元请他不要阻止。中标后，中铁十八局又给陈送了10万美元“感谢费”。

身为高速集团董事长，甚至陈双全的一句话也能换来“钱财万贯”。2001年，高速集团购买陕西新型房地产公司的一栋写字楼，约定是先由新型公司贷款，高速集团提供担保。但高速集团迟迟未提供担保，2003年初，新型公司董事长邢雅江给陈双全送了100万元，陈催促了相关负责人，担保的事很快办好了。邢雅江后来又送了1000万日元。

2005年春节，邢雅江拜年时递上了4万元红包，这是陈双全收的最后一笔贿赂。

“谨慎”的退休生活

退休后，陈双全格外小心，不过这没能阻止东窗事发

2006年2月，陈双全退休。在一些事情上格外小心。

退休后不久，陈双全听说明泰公司董事长刘炳强在社交场合说“老陈信誉不好”。

刘炳强所说的，是陈双全“受贿生涯”中的唯一“爽约”。2001年9月，刘炳强曾送给陈双全的儿子纪某（随母姓）100万元，但最终未在工程中中标。

听到外面的传言后，陈双全当即让儿子将13万美元换成人民币，给了刘炳强。

不过，他的谨慎没能阻止东窗事发。

2007年6月，陕西省纪委成立了709专案组，对陈双全等人违纪违法案进行查处。当时，患糖尿病的陈双全正在家中养病。

据齐章安介绍，陈双全之所以案发，是因陕西高速集团内部的举报。

被“双规”期间，陈双全交代了自己在高速集团董事长任上的受贿事实，并带着侦查人员到自己的租房处取到赃款496.29万元人民币、310万港元、64万美元、570万日元。

悬空的监督机制

陈双全说，一把手给下级一个电话，即使是不合理的要求，下级也不敢不听

据陕西媒体此前报道，陈双全在任期间很重视“廉政建设”。他曾说：“一定要以廉政建设促进工程建设顺利进行，另外还要进一步建立健全各项规章制度和监督制约机制。”

陈双全案发前，2005年，高速集团审计处被陕西省审计厅、陕西省内审协会授予内审工作先进单位称号，还被推荐为全国内审工作先进单位。从2002年到2004年，审计处共完成14位领导的任期经济责任审计，纠缴违纪资金、资产170.87万元，移交纪检监察部门3起。

而根据陕西省高院的《刑事裁定书》，陈双全出任高速集团老总伊始，便开始受贿。2001年4月，他就收了时任中铁十二局西北工程指挥部工程处处长安福强的2万美元。

高速集团审计处当初是否对陈双全进行过审计？对方拒绝了记者的采访。

对于陈双全案，陕西省交通厅厅长曹森认为，主要在两方面监管失效：一是原高速集团领导班子原则性丧失，将集体领导变成了陈双全的个人领导；二是高速集团制约机制缺失。

律师齐章安说，他曾在看守所与陈聊过内部监督的问题。陈说：“一把手给下级一个电话，即使是不合理的要求，下级也不敢不听，还敢奢望让下级监督上级，根本就不可能。”

（《新京报》 2008年7月11日）

返航门真相

表面看来是钱的问题，实际上原因更复杂

□《新世纪周刊》 鲍小东

从目前来看，这是一场没有赢家的空中赌气。与公司结怨多年的飞行员，在3万英尺高空上的抗争，确实是比较孤独的。

东方航空云南分公司数十位飞行员温和而恶劣的“归去来”行为，让事态复杂。虽然，直接受害者是当日被“绑架”的乘客，但其被愚弄的感觉立刻波及公众层面，因为，乘客在立场上是一个共同体——很多人都是和即将是乘客。

此刻，更多理性的公众对飞行员的指责，指向了他们的东家，那就是航空公司。

航空公司和所有中国的垄断公司一样，有着诸多霸道的品性，公众对飞行员的同情，实际上是出于对这种垄断企业的极度反感。

垄断企业，像一个庞然大物，人作为个体来说非常渺小，无法与之抗衡和博弈，所以个体消费者(包括乘客)的投诉和抗争往往是自取其辱，并不能改变一丝一毫，而这也是飞行员们在航空公司面前一直压抑权利主张的根本原因所在。

飞行员问题是航空公司的家丑。如果不能从根本上作出向善的制度安排，类似的事情还免不了从包括航空公司在内的垄断企业爆发，家丑将不断殃及公众，而对中国社会，这将是一种不安定因素。

从3月31日到4月7日下午3时，东方航空公司一直坚称，集体返航事件是天气原因造成的。

但是3月31日18个返航的航班，4月1日3个返航的航班，都是东航云南分

公司执飞的航班，而其他航空公司飞往同样目的地的航班，却都能正常起降。因此，从一开始，东航的解释就引起了所有旅客和关注这一事件的公众的怀疑。

在巨大的舆论压力下，东航终于在4月7日下午，首度承认此次返航事件“不排除人为因素”。

东航在这一突发事件中的表现，在低估了公众判断力的同时，也暴露了其自身管理能力的薄弱。

东航云南分公司飞行员陈道(化名)称，飞行员对东航云南分公司管理的不满，才是导致这次返航事件的根本原因。

21个航班集体返航

3月31日，杜先生乘坐东航MU5943航班，前往思茅。起飞时间为上午11时，但直到下午1时40分才起飞。

机场的解释是“要等思茅那边的飞机起飞后，这边才能起飞”。这一荒唐的解释并未立即引起旅客的怀疑，但接下来，一件更加荒唐的事情发生了：飞机在思茅上空转了一圈后，并未着陆，而是返回到昆明，乘务员称“因天气原因，飞机无法降落”。

当杜先生来到昆明巫家坝机场东方航空公司的柜台时，发现柜台前面围满了人，他们都经历了与他相同的遭遇，分别从大理、丽江、芒市等地返航至昆明。

之后，东方航空公司云南分公司通报，当天，该公司从昆明飞往大理、丽江、西双版纳、芒市、思茅和临沧六地，共18个航班集体返航，航班在飞到目的地上空后，均“因天气原因”，无法降落，又飞回昆明。其中，丽江5架次，大理3架次，西双版纳3架次，芒市、思茅、文山、昭通、迪庆等地各1架次，飞往临沧的CES5961航班竟然两次返航。

当日的返航事件，影响到航班的后续运力安排，因为无法安排飞行而取消了14个航班。这导致千余名旅客滞留昆明巫家坝机场。而大理、丽江、西双版纳、芒市、思茅和临沧等地的机场，也有大量旅客滞留。

实际上，这次集体返航事件中，共有21个航班返航，因为4月1日又有3个航班返航。其中丽江2架次，大理1架次。

“得到的答复都是因为受天气影响，怎么那么多航班延误都是天气原因，又怎么都集中在同一家航空公司？”杜先生开始怀疑了。

同日遭遇返航的吴先生，也未能顺利到达目的地——丽江。他对航班的解释也抱有怀疑，因为，他回到昆明后，立即打电话联系在丽江接机的朋友，而朋友称其他航空公司航班都顺利降落在丽江三义机场。

经调查，3月31日，丽江是晴天，西双版纳虽然是阴天，但天气尚好，除东航外的其他航班都正常运行。

4月5日、6日，中央电视台《新闻联播》连续两天报道了这次返航事件，节目采访了中央气象台气象专家称，事件发生的两天，云南并未出现不适宜飞机起降的天气。

事后，公司在做什么？

事发后，东航云南分公司总经理杨旭在接受云南当地记者采访时称，这18个航班因风切变、低空扰流等天气原因，先后返航回昆明。杨还一本正经地向记者们详细解释什么是风切变。

4月2日，东航云南分公司召集所有留在昆明的飞行员开会。会前，一位自称姓杨的飞行员打电话给都市时报说，公司召开会议，希望记者前去采访，并答应记者，会后将接受采访。

同时赶到现场的还有另外几家本地媒体的记者，但所有记者均被拒之门外。即使有人中途出来，大门也立即被关闭。直至下午1时，一场长达3个半小时的会议才告结束。所有走出会场的飞行员，都满脸严肃，沉默着走开。

会后，东航云南分公司党委办公室工作人员李露荣对记者说，3月31日出现“大面积航班延误”后，公司领导与相关飞行员进行了沟通，确认返航确实是天气原因导致，并非人为原因。“但随着外界对此出现的大量猜测，因此，领导决定以开座谈会的方式进行直接沟通，看问题到底存不存在，如果有，问题出现在哪里。”

《都市时报》记者于会后联系杨姓飞行员，但他拒绝采访。而记者联系到的五六名飞行员，均与公司保持了完全一致的口径：返航是因为天气原因。

一位没有参与返航事件的飞行员称，民航总局4月1日召开了紧急会议，说：如发现人为原因，总局将对此次东航事件的带头人给予严厉处罚，最高可至终身停飞。这个消息给参与返航事件的飞行员巨大的压力，“因此，他们开始改变初衷。这样，飞行员和航空公司领导均可能免遭严厉处罚”。

“飞行员只会驾驶飞机，其他的不会做，所以他们的压力可想而知。”东航云南分公司一位飞行员说。

4月2日，民航西南管理局即派调查组赶赴昆明，但4月3日的调查报告称，“从技术上难以确定其返航时空中的实际天气状况”，因为，大部分返航航班的QAR数据丢失。其中，12个航班无QAR译码无数据，2个航班数据不完整、错误。到4月5日，还有1个航班未上传数据。数据丢失或者错误的原因都是设备故障或光盘原因。

QAR是用于监控、记录大量飞行参数、数据的机载设备。

东航云南分公司一位工作人员说，飞行员无法掌握这个数据，只有地面管理人员才能掌握这个数据。他们通过光盘的记录，分析每一个航班的飞行质量，“如果发现不规范的操作，都会定期公布。严重的，就通过机组或者飞行部，进行罚款、整改”。

也许是因为QAR数据的丢失，西南地区管理局调查组在撰写调查报告时，也将“天气原因”列为主要原因，人为因素被称为“其他原因”。

公司早知人为因素

直到4月7日下午3点多钟，东航终于迫于舆论压力，首度承认这次返航事件不排除人为因素，并对涉嫌人为原因返航的当事人实施“暂时停飞、接受调查”的处理。东航云南分公司两名主要负责人——总经理杨旭和党委书记李明道，被停止履行职务。

而实际上，东航早知实情。

事后，东航云南分公司飞行部总经理马哲昆在接受中国民用航空云南安全监督管理办公室的调查时说，当天头8个架次返航后，机组人员还等在那里没有回去，“这个现象跟以往不一样，以往返航回来，机组(人员)就回去了”。

之后，飞行部安排所有飞行干部执行飞行任务，政工干部都留守昆明，给飞行员做思想工作。

“在(3月)29日晚上，有人告诉我有封公开信张贴出来了，影响面很大，我很快报告李书记(指东航云南分公司党委书记李明道)，当时，我在北京开模拟机，当晚11时左右回来，(3月)31日，是星期一，在例会上也有一些要求干部带头，以身作则。”马哲昆在接受调查时说。

据调查，在发生集体返航事件的两天前，一封“致东航云南公司全体飞行员”的公开信被复制多份，贴在飞行员宿舍和飞行楼里，并被塞进很多飞行员的房间。

信中列举4条“应该警醒”的理由：一是相对同行而言，待遇太低；二是一些针对飞行员的检查使“飞行员的自尊心受到了巨大的伤害”；三是工资和补贴标准没有与税收标准接轨等等。

最后一条，提到了该公司飞行员郑志宏，曾因辞职而被公司提出1275万元的天价索赔。“这难道是公平之举吗？”公开信问道。

信的结尾处，提到“本着有益于自己身心健康，有益于飞行安全，有益于公司健康和谐发展的原则，望大家畅所欲言，同心协力”。此信后来流传到网上，但删除了“同心协力”四字。

一名不愿透露姓名的飞行员称，之前，飞行员们都在谈论这事，而他不想参与此事，所以特意申请更多的飞行任务。

虽然东航云南分公司高层很快得知这封公开信，但并没有及时对飞行员做好安抚工作。

而事发后，该公司却又极力隐瞒真相。4月1日，东航云南分公司党委给中国民用航空云南安全监督管理办公室的第三份报告显示：为尽量减少负面影响，云南分公司党委办公室按照云南分公司领导的要求，立即成立了网络舆情监督小组，24小时轮流值班，监督控制网上的负面消息，同时加强与地方媒体的联系，主动与各大媒体进行沟通协调，尽量缩小影响范围。

税收问题成为导火线

4月1日，即事件发生第二天，东航云南分公司领导立即面见云南省副省长刘平以及云南省税务局领导，磋商飞行员的个人所得税征收问题。

原来，飞行员的个人所得税征收税率的提高，正是这起事件的导火线。

东航云南分公司党委在4月1日向中国民用航空云南安全监督管理办公室递交了第一份报告，其中提及：从2003年起，云南省地方税务局对空勤人员飞行小时费按8%的税率核定计算缴纳个人税。

2005年，中国开始实施“个人年所得12万元以上自行申报纳税”的管理办法。虽然东航云南分公司几次试图沟通，但税务部门坚持：自2006年起必须按照新个人所得税法，将飞行小时费并入工资薪金一并计算个人所得税。

云南分公司显然没有严格执行税务部门的规定，为此，税务部门于2007年12月19日、2008年1月3日和2008年2月15日三次下达整改通知，并提出要求：1. 2007年空勤人员小时费在2008年3月31日前申报，4月7日前补缴2007年的税款(经协调，2006年可不再补税)。2. 2008年1月起，将飞行小时费并入工资薪金中合并计算个人所得税。

经测算，2007年，云南分公司应补缴个人所得税的空勤人员有456人，补缴金额共计1224万元，飞行员将比以前多缴纳1万—7万元不等的个人所得税。

与此同时，东方航空公司上海总部则通过合理避税，使得个人上缴的各项税费只占收入的5%。云南分公司一位飞行员称，当分公司员工向领导反映后，得不到解决，“由此可见东航领导只知给自己逃税。这就是这次集体返航事件的导火线”。

“这在云南分公司飞行队伍中造成了强烈反响，成了目前影响飞行员队伍稳定的重要因素。”第一份报告说。

4月1日，东航云南分公司领导面见云南省副省长刘平及云南省税务局领导时，就云南分公司飞行员近几年税金缴纳情况和飞行队伍目前的思想状况进行了汇报，最后，税务部门承诺将原要求“4月7日前完成2007年税金按20%以上比例补缴”的期限，暂缓一个月至5月7日，并将再次就税收问题进行调研和商讨。得知此消息后，东航云南分公司通过手机短信平台将此信息发至每一个飞行员。

这就是4月1日，东航云南分公司的飞行人员同时收到公司一条关于税收的短信的缘由。

待遇问题

飞行员陈道(化名)称，这次集体返航事件背后的“炸药包”则是，自云南航空公司并入东方航空公司以来，飞行员对公司的管理十分不满，“缺乏人文关怀”、“没有企业文化”、“重用小人”等等。

他认为最主要的问题是，工资待遇低。2002年，中国云南航空公司并入中国东方航空公司，2005年成立东航云南分公司。中国东方航空公司旗下，还有山东、山西、安徽、江西、江苏、河北、甘肃等分公司。其中，云南民航业发展较好，东航云南分公司也成为东航各下属分公司中主要盈利公司。但在薪酬分配中，云南分公司飞行员所得薪酬并不高。

“合并前，云南航空公司飞行员的收入在全国属于中等偏上，现在，在全国偏低。”陈道说。

陈道于4月3日掌握的最新情况显示：他们与祥鹏航空公司相比，待遇相差很大。同为机长，同样飞云南省内的机场，一个月同样飞行90小时，东航云南分公司飞行员的税后收入只是祥鹏的一半，祥鹏为5.3万元到5.5万元，而东航最多3万元。

4月3日，中国民用航空云南安全监督管理办公室对东航云南分公司飞行总部总经理马哲昆、副总经理王建敏、飞行部分部副经理王志峰、飞行部六部经理田景忠等人做了调查，调查记录显示，这4名接受调查的管理者，均反映东航云南分公司飞行员待遇偏低的事实：“我们飞一班芒市600多元，祥鹏1200多元，跟川航、深航的差距就更大。”并称，在待遇原本偏低的情况下，增加了征收个人所得税的比例，是影响飞行员情绪的根本原因。

“现在，讲大道理是听不进去的，最大的难处，看看那封信就知道了。”马哲昆在接受调查时说。

4月3日，民航西南管理局的调查报告也称，飞行员对待遇偏低、节油奖发放不合理不透明、跟机无小时费、正常返航或者备降无小时费等利益诉求长期得不到解决，而管理层与一线员工缺乏沟通、工作环境不够和谐、公司凝聚力不强等问题，都引起飞行员的强烈不满。

东航云南分公司一位工作人员说，在该公司飞5000小时和1000小时的节油奖是一样的，计算不透明。

“在所有航空公司中，只有东航云南分公司跟机无小时费、正常返航或者备降无小时费。而正常返航或者备降无小时费，对安全有很大隐患。因为飞行员可能会考虑收入的问题，在边缘天气下冒险降落。”该工作人员说。

另外，自两三年前开始，东航云南分公司对于小时费的计算，有一个令飞行员不解的规定，即飞行员每月的小时费不能全额发放，都被扣留几千元，年终时才全部退还。因为集中一次返还，所以税收标准相应提高到30%。

“云南省内的机场都是三流机场，跑道短，气流大，山区净空条件非常差，飞行员不敢轻视，要克服很多意想不到的问题，风险很大，发生过多起飞机冲出跑道的事件。但我们没有得到相应的风险补偿。”陈道说。

东航云南分公司副总经理王建敏也认为，这支队伍缺乏向心力，跟目前体制有关，云南航空公司并入东方航空公司后，没有看到企业的发展。另外，大家关心的利益问题长期得不到解决，“缺乏上下级沟通，分公司缺少一定的自主权，解决不了问题。很多驻外站点，基本的吃住问题都没有统一的管理”。

多年积怨

在飞行员待遇偏低的另一方面，却是公司高层的挥霍和令飞行员难以接受的管理制度。

例如，从曼谷到昆明的航班，原是云南分公司执行，无须在曼谷过夜。现在改成上海总公司执行，从上海到曼谷，换机组后，再从曼谷到昆明。这样，一个机组必须在曼谷过夜，因此，每月增加100多万元的费用。

另外，云南分公司在丽江设有一个基地，作为机组休息的别墅，“一年的租金就可以买下别墅，但公司就是不买，而是租。养了七八台车，也都是租的，一年租金也都可以买下车辆。还养了20多个人，每年接待大量上海总公司来的领导及其亲朋”。

2006年，三大国有航空公司中，仅有东航亏损20多亿元。是年，东航集团公司两名副总经理吴九洪、佟国照，因贪污受贿被捕，其下属公司中国货运航空公司20多人受到牵连。

对于公司管理制度的不满，员工们向分公司反映过“无数次”，“他们都说会向上反映问题，但从未真正解决过”。

陈道说，去年“十一”黄金周前，该公司飞行员在网上发帖，组织飞行员集体请病假，并在私下传播组织，此举竟得到了云南分公司中层管理人员的支持，他们在多种场合暗示、鼓励，甚至提供证据。

对此，陈道解释说：“因为分公司的高层大多是东航总部派来的，这就使得原云南航空公司的中层难以升迁，这对各级领导打击都很大。”

但那次“集体请假”并未成为真正的事件，因为公司高层得知后，“召集飞行员吃饭、喝酒，而且，飞行员也不想当枪手，所以很快就被瓦解了。但矛盾始终没有得到解决，一直拖到今天”。

这些今又重提的陈年旧事和公司管理不善，以及个人所得税税率的提高等因素，一起积压在飞行员心中，酝酿、发酵，最终发生了极端事件。

所以，在4月1日，在东航云南分公司党委给中国民用航空云南安全监督管理办公室的第一份报告中称：进入春季以来，云南省内大风颠簸天气频繁，确实给安全运行带来影响，但全天18个省内航班返航与飞行员思想状况不稳定“有直接关系”。

飞行员紧缺是根本原因

事件发生后，舆论认为，每个人都应当争取自己的合法权益，但飞行员“居然拿乘客的生命作为要挟，若养成习惯，其他航空公司的飞行员也受启发”，所以，“绝不姑息迁就”，对此次事件的处理，“绝不能仅仅限于飞行员，应把公司领导一并处理掉才算公正”。

民航总局研究决定，如果发现飞行员有故意延误航班等有悖职业道德的行为，将责成有关方面依法依纪对当事人作出严肃处理。

对于参与返航事件的飞行员可能会受到严厉处罚的结果，未参与其中的飞行员陈道表示同情。他认为飞行员不能正常流动是造成这一严重后果的根本原因。

近年来，中国民航市场发展迅速，致使飞行员缺口很大。民航总局自2003年以来批准设立鹰联、春秋和奥凯等五家民营航空公司，因为没有飞行员储备，只得以高薪从国有航空公司吸引飞行员，加剧了对飞行员的竞争。

而飞行员培养的费用昂贵。一名航校学员，仅在学校期间的培训费就高达70多万元。毕业后到上岗前，还要经过严格的培训。上岗后，每年的培训也是一笔不菲的开支。从空军部队转业的飞行员，在上岗前同样经过一系列严格的、费用昂贵的培训。

因此，飞行员辞职时，往往遭到公司的“天价索赔”。“这是做给后来者看的，如果轻易放行，以后不知道有多少人辞职。”陈道说。

2007年5月，东航云南分公司飞行员郑志宏因辞职被单位索赔1275万元。经一审判决，赔偿70万元。但东航云南分公司不服，提起上诉，二审将于4月14日开庭。

陈道认为，飞行员想辞职，就会被公司的天价索赔吓住，这才导致飞行员采取绝食、罢飞、集体请假等极端方式，以达到辞职的目的。

2008年已经发生了数起飞行员辞职的极端事件：1月初，6名南方航空集团飞行员连续数日在南航广州总部大楼前静坐，要求公司批准他们辞职；3月中旬，上海某航空公司飞行员通过集体请假等方式要求权益。

3月28日，民营航空公司东星航空11名机长集体告假，造成当日大面积航班延误。据称这些飞行员大多来自东航武汉分公司，但来了之后发现公司原先很多承诺不能兑现，所以辞职。

“飞行员不能正常流动，公司就会耍流氓，不关心飞行员的工作环境，这就导致矛盾集中在一起，最终必然会发生集体返航这样的极端事件。如果飞行员可以自由流动，航空公司为了飞行员队伍的稳定，必然会改善环境，公司才得以良性发展。现在，航空公司市场化了，但飞行员还没有市场化。”陈道说。

在阅读了大量新闻之后，旅客郑伟终于了解了这起集体返航事件的真相，他愤怒了。

3月31日，郑伟买好了早上9：05东航MU5805的机票，准备从丽江飞往昆明，再转乘当天中午12：55的飞机回南京，然而东航以“天气原因”取消航班，使得他比预定时间晚了20个小时才返回南京。

郑伟称，他在丽江机场就开始怀疑东航的解释了，因为他看到国航、南航、深航的飞机都在正常起降。同时，他还看到一架东航客机降落在丽江机场，但没有上下旅客就飞走了。而机场工作人员告知，那是一架空机，用来测验飞行降落是否安全。

“这不是商业欺诈吗？对我们造成的时间和业务上的损失谁又该负责？我们乘客的权益该如何得到保障？”郑伟说。

目前，他和同一航班的其他30多位乘客，正在搜集材料，准备以商业欺诈罪起诉东航。

（《新世纪周刊》2008年第012期　2008年4月21日出版）

她们的未来在哪里

教师胁迫学生卖淫调查

□《法律与生活》 江远东 陈富 杨卫红

2007年7月24日，公安部发出A级通缉令，分别悬赏5万元缉捕贵州“教师胁迫女学生卖淫案”中的两名主要嫌疑人驰(曾用名彭云)和赵庆梅。8月16日，驰、赵庆梅在四川省攀枝花市被抓获。至此，该案涉及的主要犯罪嫌疑人全部归案。

12月14日，毕节地区中级人民法院以强迫卖淫罪、强奸罪等，一审分别判处了赵庆梅、驰等18名犯罪嫌疑人死刑、死刑缓期两年执行、无期徒刑、有期徒刑。

12月21日，贵州威宁彝族回族苗族自治县27名党政干部分别受到了党内严重警告、撤销党内职务和行政撤职等党纪政纪处分，当地县教育局长、新发乡党委书记被撤职。至此，这起震惊全国、骇人听闻的“教师强迫学生卖淫案”终于画上句号。

2007年7月，本刊记者接到读者电话，称贵州省威宁县新发乡在2005年到2006年6月间，发生了一起令人发指的事：新发乡两教师组织威胁学生到外地“卖处”，先后11次将新发乡中学和小学20多名女学生和当地1名不满18岁的女孩骗到贵州省六盘水市、纳雍县等地，并强迫这些女孩与事先联系好的嫖客发生性关系。2007年7月9日，记者奔赴贵州威宁县进行了深入调查采访。

“卖处”阴影笼罩威宁

威宁是贵州省毕节地区的一个县，拥有人口116万，距离六盘水市168公里。

新发乡是威宁县的乡镇，位于水城县与威宁县交界处。

2006年9月，一个由村民“状告”老师组织胁迫年幼女儿“卖处”而泄露出来的“秘密”，彻底打破当地的安宁。

新发乡联合村，位于新发乡中心，共有村民2350多人，洋芋和包谷是这里主要的农作物，村民年人均收入仅500元左右，村民普遍贫困、淳朴，受教育程度不高。“卖处”事件，就发生在村中心小学与中学。

“这个事情在村里传开是在2006年9月，当时家里有女娃娃的，都担心自己的女儿是不是也被糟蹋了。”在新发小学旁，一位村民这样告诉记者。他说，事发后，各种传言四起，有人甚至说被害学生数量有100多人。很短时间内，此事便向周边乡镇蔓延开。

时至今日，警方查处“卖处”案已近一年，但几乎所有接受采访的村民，在提及此事时，都不由得透露出心中的不安与难堪。

“我们都很担心，怕其他地方的人认为我们这里的女娃娃都被糟蹋了。”一位村民忧心忡忡地说。

家长的顾虑

2006年6月，黄栋打工回家。这位上过几年学，又出去打过工，在当地算是见多识广的家长，一回到家，看女儿的情形有些不对，当时就怀疑女儿出事了。在他屡次逼问下，妻子将女儿的异常告诉了他，“老是喊肚子疼，不愿意上学，也不帮助家里干活”。在他的追问下，他女儿说出了被老师胁迫“卖处”的真相。

黄听了女儿的叙述以后，担心事情不真实，先后找到与女儿一同受害的另外3名学生的家长——王某、许某、徐某。黄说，当时他也不相信，但还没有等到女儿黄小玉回来核实，妻子就将女儿受害的事跟他说了。

原来，2006年3月11日，黄小玉的母亲也发现了女儿的异样。“她经常喊身上疼，问她原因她也不说。”黄小玉的母亲说，以前孩子放学还帮家里做事，但从那几日开始，她回家就睡，夫妇俩还以为孩子是伤风感冒，到乡村赤脚医生那里去拿了药，还输了几天液，但始终不见孩子的情况好转。

黄小玉的母亲背着女儿到学校去打听了几次，从女儿的同学处了解到女儿被拐的事儿。回来一逼问，女儿才说了实情。

“赵庆梅叫我们和她到她娘家栽包谷和剥豌豆，我们就和她去，和我一起的人还有陈晶晶和张红梅。”受害学生黄小玉说。事发时，她才13岁，是新发乡小学五年级的学生。

因怕丈夫责打女儿，黄的妻子一直隐瞒着此事，直到黄栋来问，她才不得不把实情说了出来。

后经家长们证实，近20名孩子曾被当地教师以帮忙栽包谷为名胁迫到水城(六盘水市)等地“卖处”。经公安机关核实的数字是23人。“娃儿被祸害了，有些都没了生育能力，当父母的谁愿意说出去？”受害学生的家长觉得，孩子以后的生活尤其是婚嫁，是他们最大的顾忌，他们推测可能还有个别家长，到现在还瞒着此事。

被老师摧残的花朵

“回家不许说在外面干了什么，要是谁说了，就把(你们)全家都毒死、炸死！”拐骗孩子的人不是别人，而是新发乡中学教师彭云、张宗禄，以及他们的妻子赵庆梅、李慧艳。

黄小玉说，2006年春天一个周五，彭云的妻子赵庆梅找到她和王玲、许春燕和徐晓慧等几名同学，叫她们帮赵娘家栽包谷，回来请她们摘蚕豆吃。

“在去的路上，彭老师说，谁说话就把谁扔到车下碾死，我们都不敢出声了。”另一名被拐骗的女生刘翠英说，她首次被骗是在2006年3月11日。

“到了一家旅社后，女老板带来两个讲普通话的男人，他们嫌我们太小，就走了。”刘翠英说。刘看到，女老板和赵庆梅吵了起来，并大喊：“你们拐卖儿童，还有脸跟我们吵？”刘翠英回忆，在回家路上，彭云恶狠狠地说：“回家不许告诉父母，否则杀了你们全家。”

2006年3月24日，彭云再次将刘翠英等3名女生带到水城上述旅社，这一次，刘翠英没上次幸运了。“那个男的问我多大了，我说13岁。他说太小，然后他就出去问彭老师，为什么搞那么小的孩子出来做？”之后，彭云提着一把菜刀气势汹汹地进来，要她说自己18岁了。

刘说，第二天，那男子再来的时候口里说着“我才不管你几岁，我是付了钱的”，便撕掉她的衣服，把她扔到了床上。3小时后，男子走了，她坐在床上哭。

黄小玉说，彭、张两人，在路上还不断骂她们，说如果说出去，她们就嫁不了人了。

受害学生说，彭云还声称他在派出所、县里都有人，“告也不怕，也没用，还会把我们抓起来”。

2006年8月，王玲等4名受害学生家长一起到彭家围堵彭云，但彭、张两人均称，根本不认识这几个女生。“彭云的老婆赵庆梅张嘴就骂。”王某说，理论半天后也没有一个结果，彭云还是跑掉了。

2006年9月15日，黄栋等家长到乡派出所报案。随后，又有多名村民陆续报案，一起由两名中学教师及其家属参与的“组织胁迫女生卖处案”由此浮出水面。

丧天良的癖好

煤矿为水城的主要经济产业。一位当地出租车司机告诉记者，不管是外地来的煤老板，还是当地的煤老板都爱“买处”，他们称，这会给他们带来好运。“买处”的价格在2000元至5000元之间。

水城西边一家歌舞厅的女服务员表示，她知道这个事情，听说买家多是外地的煤老板。记者还在水城发现，水城的黑旅店特别多。在一些小区，居民用自己的房子开旅店，声称干什么事情都很方便，不会有警察来查的。这些旅店大多养了几个小妹，小妹既是旅店服务员，又是卖身的“小姐”。

“难道这些地方就没有人管吗？”面对记者的提问，出租车司机毫不犹豫地说：“怎么管？这些地方是居民小区，谁想到是干那些事的地方？”他说，前不久央视就报道过水城的赌博，那可赌得够大的，一天下来都有输千万元以上的。

事实上，受害女生也曾经被转卖到纳雍县及邻近的乡镇，都是以产煤著称的县乡。

一名煤老板告诉记者，现在玩什么都腻了，玩那么小的女孩的确有点丧天良。但他又说，这都是钱多闹的事。

校长的无奈

“我们哪里知道他们会干这样的勾当？”李荣娟，新发中学原校长，她一脸无奈地说，不少中学老师都住在小学里，彭云老婆在学校里摆了个小摊，直到事发后，他们才听说此事。案发后，李荣娟也被免职。

记者在新发乡采访时，很多村民表示，彭云这个人实际很早就在本质上发生了变化，他要是按照教师的标准来要求自己，也不会与社会上闲杂人交往。

“彭云已经从本质上坏了，他的侄女都被他弄去卖了，简直是恶毒到了极点。”

而根据警方调查，除了彭云、张宗禄夫妇外，新发中学原校长彭斐朝的两个儿子彭少龙、彭少虎，也参与了他们的“生意”。曾担任新发中学校长

10多年的彭斐朝，在2006年6月突然辞职，不愿意对记者说什么。他表示："孩子早已经分家，他们做的事情跟我没有关系。"

从2005年以来，李荣娟找原新发中学的彭校长、教辅站、乡政府反映此事多次，但没有人理睬。

她们的未来在哪里

在新发乡采访的几天里，记者从受害者的家人与学校方面得知，她们被逼"卖处"后，生活已经完全改变——一名女孩举家搬迁、两名孩子辍学打工，其余受害者都无心学习。而且她们中的大部分都因受害时年纪过小而留下了身体上的疾病。

黄小玉的母亲告诉记者，以前13岁的女儿是家中重要的劳动力，但现在，她已经丧失了劳动力，"弯腰都喊腰痛，以前能背几十斤，现在十多斤的猪草她都背不动了"。黄母说，在向警方报案后，警方曾带她到县医院检查过身体，最后只是说，娃娃现在没了生育能力，家里也没钱去检查和治疗。黄母一边说，一边流泪……

这些孩子心理上受到的伤害，恐怕更是无法估量的。威宁县教育局许如虎局长说，威宁县没有心理老师，他对受害人的未来也表示担忧。几名受害者的家人都称，他们的女儿这一年多来变得沉默寡言，经常呆呆地看着远方，露出惊恐的神色。

2006年9月19日，在受害人家长报案后，专案组立即对居住在新发乡的犯罪嫌疑人实施抓捕，并抓获海某、李某、彭某、黄某。后又通过犯罪嫌疑人李某的指认，将居住在六盘水新客车站附近容留、介绍他人卖淫的旅社老板李某、吕某和向某抓获。

法网恢恢，疏而不漏，这群为了金钱丧失良知的犯罪分子终究得到了他们应有的惩罚。

（文中受害人均为化名）

（《法律与生活》2008年第001期　2008年1月出版）

人性调查

孤岛汶川的人性百态

□《南方周末》 张悦

大地震摧毁了所有通往汶川的道路，孤岛汶川汇集了所有人的悲伤与祈祷。5月13日上午7时，温家宝强调，务必在当晚12时前打通通往震中灾区的道路。23时14分，武警驻川某师200人成为第一支到达汶川县城的救灾队伍，而之前的33个小时，孤岛里建立了怎样的秩序？

一切回到原始社会

2008年5月12日14时27分，德国人伯格丹很不雅地在桃关大桥桥头小便，他被中国朋友称为“老伯”，他可能一辈子会记住这次“方便”：这次小解救了他的命。

Ten seconds，this is live or death.（十秒钟，生死一线间。）5月17日，惊魂未定的老伯在汶川县城说这话时，他已无数次在心中将这十秒钟做时间位移。

伯格丹是一位资深的登山探险家，这次专门来登四姑娘山，登完之后他来到桃关村接另一个德国游客。

5月12日中午12时，老伯和3人驱车至卧龙，准备午饭后看熊猫。午饭时，老伯多喝了两瓶啤酒，这是关键的两瓶酒，救了他的命，让他不得不更快地找地方“方便”。

“老伯慢悠悠上了车，我才开始开车，（突然感到）整个身体在发抖，在桥墩上急刹车，只有桥墩没倒。快一步是死，慢一步是死。”老伯的向导、四川省登山协会联络官高伟回忆。

5月12日14时28分，地动山摇，车子好像马上要被掀翻了。周围山体垮塌，隆隆巨响，几个人感到呼吸困难，因为被淹没在漫天黑尘中。

在相距不过一两公里的福堂坝隧道，武警某部某团政委杨健全，正从阿坝运送物资回成都，经过福堂坝隧道，再给他5秒钟，就到出口了。

而地震发生了。司机下意识狠踩油门。刚出隧道出口的车辆，都被山石砸毁，而隧道后没有进入的车辆，也全被埋在了山石之下，两个捡回命的司机抱头痛哭。

隧道救了里面人的命，而隧道两个洞口外，塌方段的公路上到处是车的“尸体”和人的尸体，一块板状的石块砸向一名过路者，他的头飞掉了。

和这些匆匆过客相比，汶川县委书记王斌的使命更复杂，他在这个“天高皇帝远”的小城里是最高级官员。14时28分，他刚从乡下回到县城，在县招待所取办公物品时突感左摇右晃。

王斌没时间害怕，第一反应是去县委组织抢救。他用手机联络几个县级官员，但根本打不通。他最先到达县委门口召集人员，然后纪委书记到了，接着宣传部长到了……

县委那条街乱成一片。王斌看到：人们各种形象都有，有喊的，有闹的，有哭的。

14时35分，王斌在县委开了第一个会。当时没法召集起所有班子成员，只能让人奔跑呼叫。“地震让人退回到靠步行、人碰人的原始方式，让一切都退回到原始社会。”县委宣传部长吴开明无限感慨。

从县里的各个地方赶来的十几名官员站在黑云压寨的县委大门前，灰霾已笼罩一切，模糊了人们的面容，官员们再不需要通过察言观色来确定官场行事逻辑，拯救就是唯一任务。“在县委门口集中后，临时成立了人员疏散组、抢险救灾组、通信组等等。首先马上组织人员疏散，需要在第一时间把县城四万人输送到安全地带。”王斌说。

汶川80%房屋都没塌，但多数已不能住人，人员伤亡不像北川那样严重。但再也不是曾经宁静美丽的县城。

和自救同样重要的是求救。最早赶到的纪委书记王继宏往东去茂县方向，宣传部长吴开明往西，去马尔康方向，他们去搬救兵。

不到半小时，两人绝望而归。“道路被塌方的巨大山体堵得死死的，这时我觉得自己能够幸存下来真是奇迹。”吴开明说。

徒步建政权

汶川的临时居民安置点，一个是姜维城的半山腰，一个是几个学校的校园，县委班子成员疲于奔命，刚求救未果回到县城的吴开明则开始组织疏散组的工作。

县委书记王斌最担心有余震，几万人疏散难度很大。“那一晚上，人不停地跑，姜维城我也是一直冲上去的，等到人员疏散差不多的时候，当天晚上我们又成立了13个工作组，到全县13个乡，保持社会稳定，维持基层政权稳定运行。党员干部们徒步出发，很多人在路上都被堵住了，只能想尽办法往目标乡镇走。”王斌说。

他对机关干部说：“在关键时刻，干部有责任站出来，这是对自己职责的忠诚，我说同志们，大家在灾难前有没有信心，如果不第一时间站在老百姓面前，他们会怎么想我们？”

那天阿坝州副州长肖有才正在汶川开州安全工作会议，地震发生后，肖有才第一时间把全州开会的人员带了过来，王斌请他当总指挥，自己当指挥长，县长廖敏当副指挥长。而当时的汶川县长廖敏在地震发生前正在卧龙，生死未卜，“我相信他不会死，要求赴卧龙的工作组必须赶去向他报到”。“给他们交代工作时，没有人讨价还价，让我很感动。”

在检察院工作的雍强回忆，在山上，劫后余生的人们刚经历了生死瞬间，亲人、房子在不在都不知道，明知有余震危险，但人们还是不断在县城搜寻人员和把必需物资送上山，去姜维城那个安置点，雍强上下了八九次，“平时爬一次都很难，当时也不知哪来的力气”。

夜里下起大雨，县里安置群众搭帐篷。吴开明回忆，汶川第一个帐篷是给看守所犯人搭起来的，“犯人也有人权”。

几万人的安置，库存不过几百顶帐篷，杯水车薪。雨中，大家自发保护老人和孩子。雍强等年轻人把带上山的毛毯和被子让给老幼和妇女，只剩最后一根烟了，几个小伙子每人抽一口。

“灾难让大家成为一家人，凡有吃的东西，大家就分着吃。”县委书记王斌备感欣慰。

几乎所有官员都跟王斌一样，不知道自己小孩在哪：“我小孩在威州中学读书，直到第二天工作组才把消息带上来，说小孩没事，一块石头才落地。”

第二天一早，13个艰难跋涉越过不断塌方的泥石流路段的工作组出发了，没有任何现代通信方式，只能让老乡带纸条传消息。工作组一路遇险不断，伤了的就地安置下来，其他的继续往前走。

“能到的都到了，只有草坡乡和耿达乡只到了外围，从乡里逃出来的老百姓和工作组已会合，损失惨重，具体情况还不知道。”王斌说。

人性复杂

德国人“老伯”被困的桥下，是银杏乡的桃关村，距汶川县城50公里。

杨健全带着3名一起执行任务的武警战士也在附近脱险。道路被吞没，通信全中断，到处残垣断壁。他们开始了与当地人共患难的生活。

桃关村有个工业园区，区域内一共有8家工厂。两位二十出头的女教师杨凤莉和唐国华，地震时冲进教室，拉着孩子往外跑，师生14人，一个都没少，才出教室不远，山上来的巨石已把教室砸粉碎。

在这极端灾难面前，大家刚忙完救人的时候，另一场景象出现了。工厂附近一家超市的女老板逃生，小超市迅速被洗劫一空。

老伯的向导高伟回忆，厂里的职工在自救，而隔三差五闹事，职工来自各地，为分配不公，打架闹事常有。有个陕西的货车司机，钱被偷了，车被砸了，很多职工纠集起来，要抢东西吃，被巡逻队挡住，厂里的老总都没办法联系到。指挥部把粮食都集中在一起，吃东西也只能悄悄吃，生怕被抢。

德国人伯格丹有一次吃方便面时，被人一把就抢走了，虽然没水但啤酒很多，不震的时候就冲回去拿两瓶啤酒解渴。有些女孩跑过来给他一块饼干，他就拿回来放到车上，这5天食物就基本是这样来的。

地震发生第二天起就面临食品短缺。“有的人实在饿了，就在废墟里找吃的。”高伟说。断水、断粮、断路，为了争夺有限的供给，桃关开始出现“丛林法则”，抢粮食的团伙开始出现。

地震当天，两个商店被抢，其中几个工厂食堂的东西也被抢劫一空。第二天传出消息，有一伙人准备抢村里的食堂。

关键时刻武警杨健全把所有人组织起来，成立了临时指挥部。在地震发生后的几个小时内，杨健全和桃关村村支书将水和粮食集中起来，统一分配。老伯等“外来户”，在极其困难的情况下得到关照。

之后临时指挥部开始募集民兵，第一天有4个人报名，第二天经过动员有二十多人。抢粮的人和保粮的人全是住在附近的工厂职工和村民。

由于事发突然，很多人衣不蔽体，厂里把厂服给大家穿，导致大家服装差不多。为分清阵营，巡逻队用暗号判断来人，比如13日晚上的暗号是“国泰民安”，巡逻队问来人：国泰，来人要答：民安，否则就是另外一拨来抢粮食的。

这些由杨健全组织起来的巡逻队拿着铁棒、菜刀、木棍，袖子上系着一根红丝带，头戴红色头盔。要抢东西的那拨人气势汹汹，老是说没吃饱，他们说自己没分到配给粮，结果同厂的工人说，明明给你们分了。当地有个警务室，但警察已在地震中失踪。

村里4口锅，按单位轮流做饭，闹事的十多个人，别人做了饭，他们也要吃，把饭勺都抢掉了，让别人吃不成。

杨健全让4个武警把领头的“老黑”控制起来，他很凶，说老子饿了就要吃饭，杨健全说必须按秩序，一个单位一个单位地吃。

其他闹事者也蠢蠢欲动，局面一触即发。杨把“老黑”捆了起来，掏出麻醉枪指着他，“老黑”说：你有种就把我打死。杨对着他鼻子打了一枪，“老黑”一下老实了，武警把他带到一个屋子里去。

杨健全让宣传股长王洪志给他做思想工作，拉近感情交朋友，跟他讲这个时候跟大家作对不好，“我们都是死过一回的人，要讲良心”。

后来“老黑”的老婆也来了，又跟他老婆讲道理，让她劝老公不要在这里闹事，然后杨健全又把闹事者和可能闹事的人集中起来，给他们训话：“我们组织了两百多民兵，昼夜巡逻。”其实民兵只有二十多人。

寻找秩序

桃关村每天只能吃一顿稀饭。每天在挨饿。尽管如此，他们每天还要接济几百名受困游客和过路人，抢粮的团伙还虎视眈眈。

后来又来了一个武警，满嘴是血，受伤了不能说话，但他的出现，让形势变得微妙，抢粮的以为是开进桃关的先头部队，他们自身也很快弹尽粮绝，不愿受困的都离开了桃关。后来那个武警能说话了，才知他也是碰巧路过，被困在那里。

地震后，汶川县城也断了供给生命线。县委书记王斌清点粮库后发现库存很少，关键是一大部分是原粮，即没有剥皮的稻谷，要剥皮必须有机器，但没电，这些原粮成为摆设。

一片混乱的汶川县城，王斌也担心出现疯抢哄抢，局势失控，立刻启动紧急预案，动员机关干部职工，到人群中有目的地做工作。清理人数，做安抚工作，出现大灾，但要求大家都不能慌，到指定地点休息。

在这一非常时刻，县里动用了武警、消防、森警和武装部人员，在银行、百货大楼等重点地点守护。

王斌透露，的确有人违纪违法，哄抢、扰乱社会秩序、故意制造恐慌，现在处理了四个人，他们有的煽动别人去哄抢，有抢百货商店的，有在人家房屋里盗窃的，有制造谣言的，本来要往山上疏散的，他突然又说山上在垮坡。

空降物资是第三天。5月14日，空降很不成功，只收到3样东西：两箱矿泉水，一点食品，七顶帐篷。

天气原因，峡谷一直刮大风，空投效果很差。汶川到理县的公路打通前，县城最紧张的时候，只有1万斤粮食储备，够县城人吃一顿饭，而且是在前几天全县所有人每人一天只吃一顿饭的情况下，再也支撑不下去了。

粮库告急的不止是县城。5月16日，在离汶川县城18公里的三官庙村村口，19岁的小伙陈忠在地震时没流过一滴泪，但爱犬“灰狼”被打死时，泪水夺眶而出。镇上的民兵先用绳子将狗绑在公路护栏上，然后几个人一拥而上，用铁棒和棍子将“灰狼”打死，再然后拉去烧了深埋。

人都吃不饱，狗更吃不上东西，饿得没办法，去埋死人的地方，把土扒出来要吃死人，还出现狗咬活人的情况，恶狗尤甚。镇上怕狗传播疫情，要求一律捕杀。“灰狼”是三官庙村被打死的最后一只狗，公路护栏边到处是狗的尸体，奋力挥棒的几个民兵被溅得狗血喷头。

三官庙村的存粮早就吃完，现在吃的是政府供应的救济粮，还是不够吃，陈忠说：“‘灰狼’听话得很，喊它做啥就做啥，宁愿饿着也不会去咬人。”

但大多数村民虽不舍，还是支持政府。他们说明年还会再养狗。民兵处理了“灰狼”的尸体后，把狗链子还给了陈忠，他不忍心拿，边上虎头虎脑的表弟接过这根狗链子说，上面还有血。陈忠说，地震之后，“灰狼”就吃不上东西了，吃不饱就叫，但叫得像哭一样。

人性之善

陈忠家里的房子也被震塌了，四五个人都住在一个帐篷里，水要到两公里以外的地方抬，最缺的是盐。几个月大的小孩最可怜，既吃不上大米，又没有奶粉吃，饿得整天直哭。

有6个来自香港、浙江的游客在他们那里住了两个晚上才走，当地人给了他们力所能及的帮助，没有铺盖就给他们拿铺盖，没有衣服就给他们拿衣服，紧巴巴的口粮也分给他们吃，走的时候他们硬要给钱，但没有人拿，啥也买不到，要它们来做啥呢？

县城里，“刘一手火锅店”从地震发生次日，熬稀饭无偿供应灾民，直到煤气用完、米煮完。

杨健全则在等待中顺利跟前来汶川救灾的部队会合，这时，在桃关遇到了前去重灾区映秀镇的汶川县人大常委会副主任刘德成。刘曾是越战老兵，这次是去映秀的工作组组长，走到桃关时，接下去的路可谓九死一生，部队劝他不要走，太危险，刘德成说他跟山打了一辈子交道，他不怕，工作组中几个年轻的都不敢过，他要率先冲过去。杨健全说，自己做了个调查，从映秀往汶川，要经过桃关的人，他总会问他们的伤亡情况，得出的结论是伤亡率高达20%，刘德成说，既然你们能过，我也能过。

14日白天，刘德成跟某部一支小分队一起去映秀，小分队本来是没有去映秀任务的，但临时分了14个人，杨健全交代，一定要保护好这个可敬的老兵。

杨健全说，送他们17个人走的时候，不知道还能回来几个，老天最后保佑，他们后来居然都没事，平安到达映秀。

悲喜交加

5月14日，武警8740部队参谋长王毅带领200名官兵，历经21个小时，徒步强行军89公里，成为第一支到达汶川县城的救援部队。

和部队一同前来的还有州委副书记陈贵华。“我给他们汇报时感动得流泪了。当我们成为孤岛的时候，居然那么快看到上级领导，他们都受了伤，那么短时间内徒步过来，我们都很激动！”王斌说。

“我们有什么最关键、最艰难的事情，他们会上去完成。那时我们还是孤岛，我估计至少还有一两天时间才能有外援部队到达，但他们居然徒步几十公里到这里，太不可思议了，我对王毅说，全县受灾人民非常感激你们，他说，书记啊，我们是连夜赶来的，但是我们要马上接受任务。”军队让孤岛中的人们有了希望。

汶川到映秀的人，都会在桃关歇脚。大家传的不一样，有说伤亡几万人，有说没什么伤亡，有说路全毁了，有说路还好走。这些混乱的消息困惑着德国人伯格丹一行。

杨健全也要离开，他所在的师部已开进汶川。5月15日他离开桃关向汶川指挥部报到前，当地村民说什么都不放他走，怕他一走秩序又乱了。

杨说，“我下去叫部队来救你们”，村民这才放他走。当地并非看不到军队，5月14日开始，每天都有部队过去，但都停一下赶往下一个目标，所以村民怕他一走，就再也没有人能控制局势。

5月15日，德国人伯格丹一行决定不再等下去。高伟说，他被困几天多次观测地形，地震让部分桃关地区的河流堵塞，如再下暴雨，随时可能暴发泥石流甚至洪水，他们决定出发自救，“每天看到映秀过来的人都有受伤，但汶川过来的没有，所以我们决定往汶川走”。

出于伯格丹是外国人的考虑，路过部队想派一个军人护送他们，但伯格丹拒绝了，他说这里比他更需要士兵的保护。

伯格丹一行顺利爬出桃关塌方地带，迎面遇上接到上级指示来营救他的小分队，顺利获救。

到了县城，伯格丹看到一个救他的士兵，马上上前拥抱合影。他说自己是个高山向导，爬了很多高山，遇到过雪崩等恐怖灾难，但跟这次的灾难没法比，“这些中国军人是最好的，他们不仅仅是工作，他们在非常困难的情况下，他们在付出他们的感情，也许他们是今天世界上最好的军队”。

一直失踪生死未卜的县长廖敏也有了消息。县委宣传部长吴开明说，当时曾获得一个老乡带来的口信，说看到县长在卧龙附近的公路上，还活着，疲惫不堪，无力行走。

“我一获得这个消息，就马上向王斌书记汇报，书记在电话那头哭了。”王斌说：“我当时是高兴他还活着，虽然情况不明，但老百姓说他还活着，所以情不自禁地哭了。”

一直到5月18日，王斌和廖敏通了次海事电话，廖敏已被部队接到映秀，并在当地投入抢险救灾，王斌的心放了下来。

（《南方周末》 2008年5月22日）

体操梦碎：少年冠军的抑郁症

□《三联生活周刊》 王鸿谅

4次公开庭审，只要说起儿子小高(化名)，母亲韩冬梅就会不自觉地语气激昂，法官需要屡屡中断程序，提示她回到法庭辩论的重点。这是一个母亲本能的悲愤，从3岁半开始练习体操的小高，经选拔进入北京市先农坛体校后仅一年零七个月，就被诊断出患上了严重的抑郁症，甚至离校出走企图自杀。因为家境拮据，这位并不懂法律的42岁下岗女工，只能自己充当代理人，试图为12岁的儿子讨回一个公道。

出走

小高的异常没能瞒过韩冬梅的眼睛。她在30岁上才得了这个儿子，因为是二胎，还被罚过一笔钱，不过圆了“要两个孩子”的梦，心里还是美滋滋的。韩冬梅对两个孩子都看得很紧，尤其是儿子。原因也很简单，女儿按部就班地念书，是最寻常的成长路径，可儿子从3岁半开始练习体操，注定了做家长的要搭进去更多心力。

大约在今年4月，韩冬梅发现小高有奇怪的小动作，“不说话，用剪刀铰衣服，铰床单”。4月11日，她专门带孩子到北京友谊医院做检查，这是先农坛体校的定点医院。医生诊断小高属于“情绪障碍”，还专门通过医务科开出了转院证明，让小高去安定医院就诊。医生解释，小高的病必须要看专科门诊，擅长治疗精神类疾病的安定医院才是最佳选择。这是韩冬梅第一次知道，宝贝儿子居然患上了抑郁症。4月14日，韩冬梅带着儿子到了安定医院，心里隐约还有些期盼，可奇迹没有出现，检查结果和友谊医院一致。

抑郁症这种专有名词，韩冬梅起初并不太懂，她尽可能乐观地想，也许就是情绪不太好，慢慢地调整，应该很快就会好起来的。大约两周后，4月26日，周五，韩冬梅带着小高去安定医院复诊，病例记录上没有起色，“性情仍未好转”，他还是会间或重复那些危险的小动作。

接下来的4月29日是周一，在家里过完周末的小高照例要回到先农坛体校，开始新一周的训练和寄宿生活。这样的集体生活节奏，不到12岁的小高已经持续了5年多，从2003年被选入什刹海体校开始。那时候他才6岁半，不过已经在西城区体校练了3年体操。寄宿生活很简单，每天上午训练，下午上课，和其他家长一样，韩冬梅每周会去学校几次，带去换洗衣服，尽可能地料理一下孩子的生活起居。和西城区体校的时候相比，韩冬梅不用再每天接送，搭进去那么多的人工，可孩子不在眼前，终究还是担心的。家长们都如此，时间长了，才慢慢放下心来。2006年9月小高被选入先农坛体校之后，这种生活继续。如果不是发生了后来的种种意外，小高觉得，自己会继续这种生活节奏，一步一步走到实现梦想的地方——国家体操队。

周一下午结束训练的时间是18时，按照惯例，接下来小高要和队友们一起去食堂。可这天他觉得“心里很难受”，就一个人离开了学校。学校里没有人留意他的去向，直到差不多19时的时候，教练才发现小高不见了，于是赶紧打电话通知韩冬梅。韩冬梅一下就蒙了，迅速赶到学校，打电话报了警，又给几个认识的学生家长打电话，询问他们是否有小高的消息。几位热心的妈妈也打车赶来先农坛体校，帮着她一起找孩子。

天已经黑了，韩冬梅决定先去4楼的学生宿舍找找线索，“看孩子走的时候穿的是什么衣服，背了书包没有”。有6名家长陪她一起上楼，先农坛体校的教练朱辉和书记胡秉臣也跟着跑了上去。这个四人间的宿舍韩冬梅来过很多次，可这次的情形让她很讶异，小高的东西乱七八糟，连书包里的书都被倒了出来。易柳(化名)是跟着上楼的家长之一，她和所有家长都听到了朱辉和胡秉臣对于这凌乱的解释，学校也是想找线索，所以翻了孩子的东西，发现孩子留下了一封信。韩冬梅激动地索要这封信，但校方告诉她们，信在保卫科。家长们于是决定更仔细地做一次搜寻，易柳是7位家长中最瘦的，所以由她爬到上铺小高的床上查找。易柳翻得很仔细，她从小高的褥子下面搜出了一个锯条，还注意到墙上写着一行字：“我怎么了，杨月山这么对我。”杨月山是小高刚进入先农坛体校时的教练，现在的先农坛体操队领队。

没找到线索的家长们只好在学校附近搜寻，之后又打着车无目的地在街上绕，但都一无所获，韩冬梅急得哭都哭不出来了。她的手机终于在次日凌晨2时响起，打电话来的是什刹海体校的一名保安，他在后海发现了小高。韩冬梅连夜赶过去，终于在什刹海体校的保卫室里见到了儿子。韩冬梅反复询问，才大致知道这个晚上儿子的行踪，惊出一身冷汗。

小高在18时离开学校之后，搭乘公交车回到了什刹海体校，他想去找以前的教练。先农坛到什刹海是一条南北穿城的路线，下班高峰期照例会堵得不可开交。等小高到什刹海体校的时候已过20时，他没能找到自己想念的教练。带着内心的压抑、失落和茫然，他沿着后海漫无目的一圈圈走着。走到某个寂静的地方，他突然冒出了可怕的念头，想跳进水里去。万幸的是，想了想，又坐下了。后半夜的后海也慢慢安静下来，小高却依旧不知道自己该怎么办，直到突然有人把他一把抱住，什刹海体校的保安终于找到了他。

症结

经历了出走事件之后，小高再也没有回到先农坛体校的训练馆，韩冬梅也终于感受到了抑郁症的可怕。埋在小高心里的结，在几次心理治疗中，清楚地显露在医生面前，都是因为体操。

医生把这些都记录了下来。7月30日："患儿仍少语，发脾气，犯困，仍说'我练不了体操了，看病也没用，我看不好了，杀了杨月山再自尽'……表情气愤，开门、关门动作很使劲……"8月7日："总是问家长，我应该去集训，学校为什么不让我去，不如我的人都去了，为什么不让我去……"在这些一致的困惑背后，小高总是不自觉地重复另一个小动作——偷偷在纸上画画，画的都是练体操的小人。

从3岁半在烂漫胡同幼儿园被教练挑中开始，体操就逐渐成了小高心中最重要的事情。当时西城区的那位教练本来是去挑选女队员的，结果发现了小高。大约在小高5岁多的时候，韩冬梅还特意给他报了一个舞蹈班，因为"舞蹈可以增加做自由体操时的美感，能获得加分"。"那时候我儿子可忙了，烂漫胡同幼儿园进门的那面墙上，贴的全是我儿子跳舞的照片"，这些都是令韩冬梅快乐的回忆。

在西城区体校练了3年之后，2003年，小高又被教练王志坚挑中，选入什刹海体校。现有的运动员培养体制中，这是一种惯常的三级选拔路径，从区体校到市体校，再到省体校。在北京，这个顺序是区体校、什刹海体校和先农坛体校。进入省级体校后，业余运动员成为专业运动员，其中最优秀的人才，有入选国家队的机会，问鼎国际大赛奖牌。这也是公众熟知的金字塔结构，竞技运动的残酷性也在于此。实际上，对于绝大多数体校生来说，都不可能登上这金字塔的塔尖。

不过这些看起来都是更遥远的问题。韩冬梅承担起每天的接送，她的体操知识随着儿子的成长一点点丰富，也在教练们的夸赞中确认，儿子就是天生练体操的好材料。小高从2005年开始参加全国比赛，崭露头角。累积的比赛积分，也让他年仅8岁就获得了国家一级运动员证书。他拿到过2005年和2006年两届“李宁杯”的全能亚军，以及2006年“李宁杯”的单杠冠军。对练体操的孩子来说，这些当然意味着莫大的荣耀和信心。

2006年夏天，先农坛体校给小高发来了试训通知，为期半年。试训期间学校包食宿，并且每个月发放329.2元的试训费。并不是每个被选拔进入先农坛体校的孩子都能享受这种待遇，韩冬梅说，和小高同一拨的孩子里，只有5个人是试训，其他的都是集训，家长要自己交纳集训费。韩冬梅也清楚，假如去了先农坛，就意味着往专业运动员的方向发展，没有退路了。那时候小高还在佛山比赛，等他回到北京后，韩冬梅和儿子认真谈了一次，要不要走这条路。小高没有丝毫犹豫，他对自己信心满满：“我一定能练成的。”他甚至计划好了自己的将来，“就在那里练4年，我好好练，拼命练，进国家队，到时候我就能参加世界大赛，能升国旗奏国歌了”。

试训期间，小高要做的就是证明自己的实力，合同期满后获得转正。这样，不仅可以继续自己的梦想，还能每月拿工资，减轻家里的经济负担。可他的梦还没来得及展开翅膀，两个月后，就被慢慢揉碎了。意外的失窃事件，开始让小高意识到，这个新环境似乎并不愿意接纳他。那是试训刚开始两个月，韩冬梅某一天夜间突然接到电话，是小高的队友打来的，让她赶紧送300元钱到学校。韩冬梅很诧异，打车赶过去，反复询问才知道，小高同屋的L同学说自己的柜子锁坏了，把300元钱放到了小高柜子里，两把钥匙，小高和L每人一把。可之后L说自己的钱不见了，于是小高就成了嫌疑对象。有年长的孩子逼着小高自己承认拿了钱，还替他编了一个花钱的去处，继而就打电话追着韩冬梅要钱。韩冬梅一听这花钱的时间，“当时就急了，那天是周末，儿子一直和我在一起，根本不可能去花钱”。看着明显受了严重惊吓的儿子，韩冬梅当然不肯敷衍了事，她找了校方，要求严肃处理，并且报了警。校方找来了相关的家长一起开会，承诺澄清小高的清白，尽可能将事情平息了下去。

其时噩梦开始。失窃事件之后，小高发现同伴们都不跟他玩了，“孤独极了”，甚至连“自己和自己玩也不行”。他遭受的有言语刺激，“警告我不要再练了”，也有身体伤害，“他们老是打我”，有时候为了避免挨打，他躲在楼道里，深夜熄灯了才偷偷回房，可没有用，他还是会被人抓住狠打一顿。身上的青紫伤痕，小高还不敢显露出来，练功房里孩子们都打着赤膊，为了把伤痕藏起来，小高就用唾沫沾着白粉涂在身上。他不敢告诉家人，他担心假如妈妈来学校找领导，那他可能会被打得更惨。韩冬梅还是忍不住到学校闹过一回，让校方严惩欺负小高的人。校方的处理方法同样是召集家长们开会，然后让那些有份欺负小高的孩子自己写检查，说清楚他们都怎么欺负了小高。检查收上来让人吃惊，孩子们写的欺负小高的方法有“几十条”。可惜韩冬梅几经索要都没能得到这份证据，所幸体校的书记胡秉臣在法庭上承认，“有这么个东西，有几十条”。

梦碎

那些伤害，小高曾经在法庭上自述，引来旁听者一片唏嘘。“其实这些我都不怕，不管他们怎么欺负我，打我，孤立我，我都能忍。”支撑他的是最单纯的信念，“我来这里是练功的，我太想练了，我爱体操，太爱了”。

可唯一的寄托，也被揉碎了。小高发现，带他的教练杨月山并不给他练习的机会。对体操运动员来说，这是致命的，几天不摸器械，身体就会失去感觉。小高只能眼巴巴看着队友L在器械上翻腾，他在馆里的时间更多是干杂活，比如队友要上吊环的时候帮忙架垫板和抽垫板，或者做“扒倒立”。即使是到了法庭上，在教练杨月山看来，这是正当基础训练，“不仅可以练基本功，还能增强智力”。杨月山给小高定的时间是“倒立一小时”，倒立下来，小高两个眼眶都会充血肿得紫黑，要一步步摸着才能走稳。也有队友接受过倒立训练，可最多不会超过30分钟。

家长不能进馆，小高不说，韩冬梅原本也无从得知儿子的训练情况。可是2006年11月，她意外从杨月山那里得到了一张录像光盘，洞悉了部分真相。光盘是杨月山让小高带回家给家长看的，韩冬梅很奇怪，盘上是同一个队员在各种器械上训练的镜头，韩冬梅一眼就认出不是自己的儿子，是L。联系到此前杨月山对她的金钱暗示，韩冬梅觉得自己明白了这张光盘的用意。后来细看这张光盘，她意外发现，就在L练习鞍马的镜头里，出现了小高的影像，他跪在一旁眼巴巴看着L。之后还出现过小高帮同伴抽垫子的镜头。韩冬梅最终没有给杨月山钱，“不是我不想给，是那时候家里真的拿不出钱来”。这张杨月山无法自圆其说的光盘，也成为韩冬梅在庭审中的证据。可是和倒立一样，下跪也被杨月山解释成训练的一种，叫“压脚背”。可是从录像中可以清楚看出，小高跪的位置是自由操场地和吊环海面坑边缘相衔接的地方，他的脚面是无法绷直的，根本不是规范的“压脚面”动作。影像和小高的说法一致。

也许是从这时候开始，小高和韩冬梅开始理解了他们曾经听说过的一些传言。体育圈子也是一个大江湖，有恩怨也有各种利益纠葛和金钱交易。队友小潘的母亲易柳就曾经投诉过一名教练，这名教练以各种明示和暗示方法向家长要钱，否则就不给孩子们好好训练，教训起孩子来下手也狠。易柳很后悔自己没有早些相信孩子的话，“小潘每周一去体校都会哭，我都以为是孩子太娇气不能吃苦”。她后来才发现孩子的伤，“茄子有多紫，孩子的屁股就有多黑”。

易柳懂教练的暗示，可她同样实在拿不出钱来。后果马上呈现在了儿子身上，小潘会经常回家哭诉，教练不肯教他，教别的孩子，他们的家长送了礼。这个1996年12月出生的孩子，也开始变得早熟，觉得自己洞悉了这个社会的真相，就是金钱和权力的交换。易柳想过让孩子不再练体操，可每次去跟教练谈，他都会作出真诚的惋惜状，“不练多可惜啊，马上就能进北京队了，凭你儿子的实力，两个月就能在北京队成为主力”。这些美好的许诺也像一个梦，让易柳一步步憧憬着往前走，停不下来。和她一样憧憬着的还有金悠(化名)，小段的妈妈。小段和小潘是队友，他们在同一个教练手里。小段家相对富有，可金悠的钱都来得很辛苦，她是清洁下水道的。小段接触体操的时间更晚，7岁才开始，金悠的想法是儿子好动，就让他练练体操，也不指望凭这个吃饭。可这名教练同样对小段的先天条件夸赞不已，给了金悠更多的希望。这名教练向金悠索要各种好处的手段更直接，金悠记了一笔账，几年下来，她已经花出去了十几万元。积蓄花完了，还借了一大笔钱，为此还被老公骂过好几次。

易柳和金悠都曾试图让孩子换教练，到王志坚，也就是小高的教练手下。她们都觉得王志坚是个好教练，品行正直，这一点小高和韩冬梅最有发言权。可是按照现行的体校规定，队员不能自己挑选教练，而且作为同事，教练们也不可能相互拆台和挖角。易柳和金悠都只能忍着。当小高进入先农坛之后，小段和小潘也陆续获得了选拔入校的机会，不过都是集训，要自己交纳集训费用。可小段最后没有去，虽然金悠已经打点出去不少的钱，可在2006年8月郑州的一场比赛之后，小段彻底下定决心，不再练体操了。金悠记得很清楚，那场比赛，儿子的动作明明很好，可分数下来，做得比他差的分都比他高。小段比赛完就抱着妈妈的腿开始哭，说“妈妈咱们回家，不练了”。金悠的梦也醒了，下午就带着儿子卷起铺盖离开了体操队。

诉讼

而韩冬梅和小高的梦，碎得更晚一些。当小潘这拨孩子入校时，2007年

3月，小高的试训期已经结束了，可他没有获得转正，他和队友的差距被拉得很远。他的教练杨月山在这年6月成为领队，而他则在11月被分到了教练朱辉手上。这期间的4个月，关于小高的训练，校方无法提供有逻辑的合理证明。韩冬梅都很难想象，失窃事件后，儿子是用怎样的毅力在先农坛坚持着。在试训期结束后，她曾经要求校方让小高离校解除注册，但校方没有同意，至于解除注册，北京市体育局才有权力这么做。为了防止各省之间相互挖角，小运动员们几乎从五六岁接触体育开始，就会被当地的体育局注册。

在朱辉出具的一份2006年11月的训练计划上，关于小高的评语都是“较差”，“身体素质较差，基本功较差”。评语与小高曾经取得过的全国大赛成绩相去甚远，韩冬梅当然不能接受。而最无法接受的是小高。他很清楚自己身体的变化，他的体重从54斤增加到了92斤，他的动作不再灵巧飘逸，说得更直白一点，他甚至已经无法完成自己五六岁时的动作了。新教练朱辉一度给了小高莫大的希望，“我憋着，换了一个教练，总有出路”。可这希望也很快被打碎了，有一天在训练场，他亲耳听到杨月山告诉朱辉：“不要练小高。”他听到自己心里的声音，“我完蛋了。”离开了教练的庇护，小高终于明白，“并不是凭实力就能出头。”

韩冬梅不相信，她总觉得事情会有转机，因为她坚信朱辉是个善良的好人，她愿意理解朱辉承受的压力，“40多岁才结婚，女儿刚出生3个月，他不能不听杨月山的，不能没有这份工作”。2008年4月份，为了弄清楚儿子的真实训练情况，韩冬梅要求朱辉务必录下小高在体操6项中的训练情况。朱辉信守了承诺，4月25日左右让小高带着光盘回家给了韩冬梅。韩冬梅注意到一个细节，所有队员都是赤膊，只有小高穿着红色的运动服。她追问儿子，小高说，“就我一个人最胖，觉得丢脸”。那些动作，韩冬梅一眼就能看明白，根本没法跟以前相比。这段录像里还有一个耐人寻味的镜头：队员们轮流上器械，等候的时候，大家都站在一块，有说有笑，只有小高做完动作之后，就自己一个人静静站到了墙边，脸上没有任何神采，偶尔无奈地抬头看着天花板，长叹一口气。轮到他了，才会梦醒一般重新跑到等候区。把光盘看完，不用小高再作任何解释，韩冬梅觉得，自己明白了一切。

医生多次建议韩冬梅，最好让小高入院治疗，她也想，可现实的家境不允许。她下岗了，丈夫也是。前几年丈夫还做些小生意，可现在身体也出了毛病，糖尿病。一家最稳定的生活来源，只有22岁女儿的工资。韩冬梅只能试着和校方沟通，寻找解决途径。她说自己一度也得到过答复，诸如“先带着孩子去看病，学校会解决的”之类的承诺，可却迟迟没有见到兑现。韩冬梅因此也无法为孩子选择定期的心理治疗，“做一次要300元，每周两次，家里实在拿不出这个钱”。

2008年5月19日，在和校方多次交涉无果后，韩冬梅只能选择诉讼。对于他们的家境，管理南半截胡同的街道办最清楚，所以街道办也给这对夫妇开出了“零收入”的证明。其实不需要这份证明，到南半截胡同看一眼就一目了然。这是菜市口旧城改造之后留下来的胡同，以后据说也不会再大规模拆迁了，只会在原址改造。小高的家就在这些大杂院中的某一间，不到20平方米，中间做个间隔，分出客厅和卧室。客厅的一部分用布帘再间隔出来，成为高父的床位，而韩冬梅带着两个孩子住在里间的卧室。靠墙的单人床是小高的。韩冬梅尽可能把家里的东西分门别类，可怎么看，都是乱糟糟的，卧室里进去3个人，连转身都成问题。

诉讼彻底撕裂了校方与家长之间最后的温情。校方采用的策略是矢口否认，什么都不承认，连小高的病历都不承认。为此，主审法官不得不重新在双方当事人的见证下，亲自带着小高去安定医院看病，结论和以前一样：抑郁症。于是校方变更说辞，让教练们出具书证，证明小高在校期间没有任何异常。小高参加过庭审，他开始都很沉默，慢慢就忍不住要自己为自己辩护。11月7日，小高过完12岁生日后，参加了第3次庭审，可庭审过后回家就情绪大变。他无法理解，为什么自己那么尊重的领导可以在法庭上说瞎话。他气得直哭，还病了一场。所以韩冬梅都尽可能地让儿子避开记者，“很多话不好在他面前说，不能再刺激他”。她一点点看着儿子的性情大变。奥运会期间，小高根本就不敢把目光停留在体育节目上，一看到就换台，可那时候的北京，铺天盖地全都是体育。

小高后来告诉韩冬梅，自己的确是留下信才出走的。信的内容大致有三个方面：一是描述了杨月山教练怎么欺负他，不让他练；二是希望以后教练能好好对他，让他练；最后还留下了自己出走的地址，什刹海体校。事发后，校方原本是承认有这封信存在的，可等事情到了法庭上，就变成矢口否认。好在韩冬梅早有准备，在与校方相关负责人对质的时候，偷录了下来。在庭审的时候，这些录音材料被拿来质证，场面很讽刺，比如体校保卫科科长一边听着录音里自己承认信的存在，一边对法官否认，先说这话不是自己说的，接着又说，是自己的声音，但自己不知道。以至于法官都只能警告他，如此前后不一，又没有合理解释，只可能是说瞎话，要承担相应的法律责任。

韩冬梅努力试图证明，儿子在先农坛体校遭遇到了不公正对待，因此患上了抑郁症。她的索赔额度也随着情绪的变化屡次变更，从50万元，到15万元、25万元。她不懂法律，也不懂得主张的要点，她只是想让更多人能够相信，小高真的遭遇了常人难以想象的伤害，这也是一个母亲为了保护儿子本能的激动。幸运的是，韩冬梅的执著终于得到了一些家长的支持，比如易柳。她同意小潘出庭为小高作证，曾经在入校的时候，亲耳听到过那些要孤立小高的恐吓，以及看到小高被欺负。开庭前，易柳严肃地问过儿子："能不能保证说的都是实话？"小潘回答很干脆："能！"而小段也在母亲的带领下，几次来旁听。他开始抱怨自己的母亲，"你看人家小高的妈妈，就能为孩子讨公道"。金悠也动心了，她想起诉什刹海那名坑了自己和孩子的教练。可她心里还是摇摆不定，去年，她和易柳一起到什刹海体校闹过，结果也是不了了之，法律是否真的可以还她和孩子一个公道，她不知道。

回过头来看看这几个孩子，除了小高的抑郁症，小段患上了"抽动秽语综合征"，动不动就容易着急上火、面红耳赤、说脏话。金悠住在郊区，为了给小段重新找学校，费了很多心思，很多学校都嫌体育生成绩差，不收，结果两年下来，金悠给孩子转了3次学，在教育局的帮助下，今年终于在北京找到了一所公立学校。幸运的是，学校的教导主任和班主任知道了小段的情况之后，给他专门制订了学习计划，"以鼓励为主"，还给了他很多自由空间，比如上课时可以看课外书。这种鼓励教育看起来颇有成效，这也是金悠说起来唯一会高兴的事情，"这两个星期，老师都表扬他，孩子自己也有信心了"。

先天素质也好，后天努力也好，他们曾经都是自信的、心气高的孩子。他们眼里的世界曾经很纯粹。可现在，他们甚至已经明白了食物链的生存道理。失去的童真，不管多少金钱也无法弥补回来。更麻烦的是小高，被官司拖着，新的学校也没有着落。体操，练还是不练？韩冬梅和小高都无法下定决心。小高始终承受着与年龄不相符的绝望，"除了体操，我不知道还能做什么"。但他依旧不愿意让母亲担心。12月4日，北京骤然降温最冷的那一天，是韩冬梅的生日，傍晚小高偷偷出门，用自己攒下的8元零花钱，给妈妈买回了3朵康乃馨。记者去到韩家的时候，花还在瓶子里插着，已经开始枯萎，"我说什么也舍不得扔的，做成干花也要留起来"。韩冬梅说这话的时候，不再是法庭上的激昂神态，眼睛里有东西在闪。

(出于可以理解的原因，文中的未成年人和部分家长使用了化名)

（《三联生活周刊》2008年第047期　2008年12月22日出版）

地下室的救赎

□《中国新闻周刊》 张鹭

这些从少教所出来的流浪少年，游离于城市社会的边缘。他们无依无靠，四处为家，是黑老大重点收编的对象。“展翅计划”的爱心人士和志愿者要做的，是把他们从海妖歌声般邪恶的诱惑中拉回来。

身后广州市少教所的大门咣的一声关上。

18岁的辉仔，打量着已经作别一年零二十五天的自由世界。他紧紧攥着自己的全部财产——90块钱，花10块钱点一碗河粉和一碗米粉，吃了个饱。不久，就为自己的将来而陷入恐慌。

少教所门口外，聚集着一群招募“小弟”的人

“接下来去哪里呢？”

迷茫之际，他见到少教所里一个朋友的“父亲”。这名“父亲”从外地来广州，想见少教所里的儿子一面。

朋友的“父亲”向他了解少教所里的情况，却迟迟不进少教所看儿子。辉仔有点怀疑这名“父亲”的身份。那个朋友曾跟他说过，他在外面有几个“大哥”。

少教所位于广州市东南郊，乘坐180路公交车，过24站，就到火车站总站，全程近16公里。与其一河之隔的是女子监狱，以及羁押重刑罪少年的少管所。多少少年从火车站出来，到广州寻找梦想，又有多少少年最后走进少教所、少管所。在广州市少教所接受劳动教养的未成年人中，超过70%是来自外地农村及其他落后地区的。

少教所门口的斜坡处，聚集着一群不怀好意的人，等着将他们这样无家可归的外地流浪儿收做“小弟”。不少刚从这里走出来的少年，没几天就重新进去了。

“我才不想再进去一次。”辉仔想。所幸，这位“父亲”没有带走他的意思。

吃完饭，辉仔在街头漫无目的地闲逛。傍晚，又鬼使神差地回到少教所——广州就像掌心的一捧沙子，他一度以为已经抓住它，到头来却发现自己与这个城市其实没有任何联系，除了少教所以外。

出所后第一个晚上，他是在少教所接见室的椅子上凑合过去的。第二天也是如此。

第三天，身上的90块钱所剩无几。就算能继续在少教所蹭住，他也快弹尽粮绝。

广州市少教所的干警邓小娥，在少教所附近的一个快餐店发现了身无分文的辉仔。邓给了辉仔10块钱，让他乘289路公交车去距此40分钟车程、位于市中心的少年宫，见一个叫梁健平的人。

犹豫了几次，辉仔鼓起勇气向一个中年男人问路。“你干什么？”男人抓紧自己的包，警惕地盯着他。他开始支支吾吾起来。

如果身边有面镜子，辉仔会看到这样一副骇人的形象：泛出淡青色光泽的光头下，是一张惨白的脸；因为皮肤病而生的疮愈合后，在他的手臂上留下星星点点的疤痕；一件红色格子衬衣，短到连肚脐都遮不住，牛仔裤上则沾满少教所里做工用的胶水，脚上趿拉着一双从少教所里穿出来的拖鞋。

在少年宫附近的人行天桥下，辉仔用一个公用电话给梁健平打电话，一个低沉、略微有点嘶哑的声音从电话那头传来。“展翅计划”的志愿者梁健平迅速赶到了天桥。

这位有着5年“工龄”的志愿者，30岁的保险公司职员，是在一个网站上申请加入“展翅计划”的。他从网站上了解到，这是一个为刚刚解教的流浪少年提供各种帮助的计划，让他们离开少教所后，不至于因为饥饿、流离、绝望而重蹈覆辙。

在《规训与惩罚》的开头，法国思想家福柯不动声色地展示了18世纪80年代后期，巴黎少年犯监管所的一份规章。

这份规章精确地规定了少年犯在每一个具体的时间点应当从事的义务的时间表，包括起床、劳动、进餐、学习、工作、祷告……这份时间表精确到分钟，少年犯们在监管所中的每一天就像一个精心设计、毫无瑕疵的流水线。

福柯眼里的监狱生活，是在塑造一种以被动、退缩和服从为特征的人格。在这种人格支配下，人的一切行动都要有统一的安排，脱离了他人的指令就会感到无所适从。

“展翅计划”志愿者、广东商学院摄影教师安海波，曾跟踪拍摄解教的流浪少年长达一年。她进入少教所采访，很不习惯地发现，少教所里的每个少年都被要求蹲下跟人说话，他们似乎也习惯于如此。为了让少年们感受到平等，安海波蹲下跟他们说话。

为了培养他们的自信，安海波的男友、广州大学的艺术教师周杰，曾在少教所内的一节艺术课上，让少年们脱掉上衣，站在桌子上跟他排演节目，自己坐在地上以仰角指挥他们。

“这些孩子从少教所出来，内心是很复杂的，”安海波说，“有的人在里面时雄心勃勃地要当老板。一旦从里面出来，大门一关，马上就不知道该怎么办了。”

中途宿舍的白天黑夜

梁健平把辉仔带到与少年宫一街之隔的中途宿舍。两张单人床，一张桌子，一把椅子和一个内嵌在墙上的书柜，是宿舍的全部家什。

这个八九平方米的地下室，隐藏在东风街的一个老年活动中心里，人声、麻将声和台球撞击声相互交错。辉仔是这里的第一个客人。在找到工作之前，他可以一直在这里住下去。

尽管有一定的心理准备，辉仔的样子还是把宿舍管理员王姨吓了一跳。“刚开始，确实有点怕，”王姨说，自己开始与这个特殊的邻居接触时，“很小心。”

辉仔把从“里面”带出来的衣服都扔掉。王姨拿儿子的一套衣服给他换上。辉仔似乎不大喜欢王姨送的拖鞋，把它们剪出一个缺口，不情愿地穿上。

梁健平要求辉仔叫他“阿平”。他不希望跟辉仔的关系过于亲密，“这些从小没人理的孩子，一旦有人对他好，很容易产生依赖感”。他也承认，这个度很难把握，“太亲近了，容易有依赖；太疏远了，他会以为你抛弃他”。

“这是个漫长的过程。”梁健平这样说起这些孩子的心理成熟期。2003年，他曾在北京帮助过一个这样的孩子。这个仍在外闯荡的孩子，直到现在还很抗拒父母，只肯听他的话。“阿平”几乎成为这个家庭的另一个成员。

在辉仔刚入住的那段日子，王姨看见梁健平“几乎每天”都来中途宿舍，陪辉仔找工作。梁健平帮他争取到一个进厂做工的机会，月薪800块钱，包吃住，每月休息4天。辉仔觉得工资太低，不大愿意去。他想尽快挣多点钱。

大约一周后，辉仔有了出所后的第一个工作。这是梁健平介绍的，一份快餐店送盒饭的工作。只有小学三年级文化的辉仔看不懂地址，先由人带着在附近走一圈，再让他去送餐。

一切都在往好的方向发展。可是一次上电视的经历，还是捅了娄子。广州电视台一个讲述百姓故事的栏目，把辉仔的经历拍成电视。他的面部覆盖了一层“马赛克”，还是被老板娘从电视上认了出来。

辉仔受不了店里一个大婶的冷言冷语，在一次送餐的归途中负气跑掉——连带着几百块送餐款。在“阿平”的劝说下，他把钱还了回去。老板娘给了他100块钱，作为这几天工作的报酬。

“这可能只是一个导火索，”根据梁健平的观察，在老板娘从电视上知道他的身份之前，辉仔就已经开始厌倦这份工作，“这个事情刚好给了他一个逃离的借口。”

梁健平再次帮他在附近联系了一份服务员的活儿。辉仔的工作之一，是为来吃饭的客人倒茶。客人们看着他手上密集的疤痕，连说“不用”。他第二次尝到被炒鱿鱼的滋味。

梁健平认为辉仔“遇事不会检讨自己，总是感觉社会亏欠他”。辉仔身上的依赖性也在不知不觉中生长，“他不想自己去找工作，总是希望我把一切都安排好，他自己直接去面试”。

梁健平决定把他们之间的距离拉开一些。

“我出事了，你快来，不然我就要走回老路上了。”一天，正在上班的梁健平接到辉仔的电话。几番追问，辉仔怎么也不肯说出什么事。匆忙赶到一家超市的梁健平，发现辉仔身边站着几个警察。原来是辉仔在超市里喝了五六瓶豆奶，保安发现了没钱付账的他，叫来了警察。

夜幕在夜宵摊升起的炊烟中降临。穿行到小区的尽头，走过浓汤香味四溢的汤水店，挂满烧鸡、腊鸭的烧腊店，辉仔来到一家快餐店，花5块钱买了一份两荤一素的盒饭作为晚餐，带回中途宿舍。这花去了他一天生活费的1/3。

出来“巡视”他的“领地”，是辉仔晚饭后的消遣之一。夜深无人，他喜欢坐在小区的体育锻炼器材上做运动；或者站在人行天桥上，呆呆地看着潮水般的车流从脚下流逝。

从中途宿舍所在的司马街出来，沿着东风路走20分钟，就是广州市人民公园。露天音箱里传出的音乐声中，中年妇女和老人们聚在一起跳舞、下棋；玩轮滑的孩子穿来穿去；暧昧的灯光下，情侣们相拥而坐。

辉仔喜欢坐在椅子上，看着昏黄的路灯照耀下的一切，感受公园里热闹的气氛。

“像我现在这样，一个月几百块几百块地挣，存够老婆本要好多年的。”看着公园门口为了迎奥运而摆放的花簇，辉仔不时为自己的人生忧虑。

他偶尔也会想起以前“潇洒的日子”——一段“有钱一起花，没钱就去‘开工’”的“共产”生活。

“捞起一个是一个”

生活费是少年宫的老师廖一柱给的。廖的另一个身份，是一个以他的祖父、著名漫画家廖冰兄的名字命名的“廖冰兄人文基金会”的成员。“展翅计划”的经费，全部来自这个基金会。

“像他们这样无家可归的解教少年，是各方面的关注都覆盖不到的死角，但他们又是最可能走向二次犯罪的群体之一。”广州市少教所一大队大队长张清友说。

一个数据可以说明流浪生活与犯罪之间的距离：从2003年8月至2007年5月底，广州市流浪儿童救助中心共接收过3697名流浪儿，其中轻微违法的2144名，占58%。

每年约有130名解教少年从少教所出来，其中五六十人，因为各种原因不愿或者不能回家。在后者之中，大约2/3的孩子，将有机会被纳入到“展翅计划”的帮助体系。

“我们只能捞起一个是一个。”廖一柱的姑妈、“廖冰兄人文基金会”会长廖陵儿说。

廖陵儿与这群少年的结识始于2005年。是年年底，她将父亲的漫画作品展办到了广州市少教所。不久，她收到了70多个孩子的来信。这一沓各种笔迹的信纸，她至今保存。说不清是其中的哪一封打动了她。2006年，廖冰兄去世，她成为父亲生前成立的基金会的会长，决定在实际生活上帮助他们。

基金会由已故著名漫画家廖冰兄于2004年11月创立。基金会秉承廖冰兄生前所致力的人道主义关怀，大力帮助贫困的弱势群体和贫苦的底层民众。2007年基金会开始着力开展“展翅计划”，为从少教所出来的失足青少年重新融入社会提供系统的帮助。

安海波说："他们出来后，不是重返社会，他们从来就没有真正进入过社会。"

安海波说起阿南就很心疼。阿南在派出所的犯罪记录有一人多高，他自己也已经习惯了从派出所进进出出。有一次他站在车站，什么都没干，警察觉得他可疑，把他带回去问话，他也不解释，就这么跟着走了。

廖陵儿经常在半夜接到阿南的电话。"我手机卡没钱了，你帮我充一下。"阿南请求她。让她欣喜的是，几个月后，阿南主动打电话来说："我有钱了，我帮你充值。"

这是一个惊喜和失望反复交错的过程。"你永远不知道，他们下一刻会不会走回那条路。"廖陵儿说。

廖陵儿被小东骗过两次。小东出所后，一直在广州火车东站流浪，曾经两次向他们求助买火车票回家，背地里却把票转手卖了。第三次给他买票，廖的丈夫对他说："你可以再把票卖掉，但你会永远失去我这个朋友。"这一次，小东真的回到黑龙江老家。现在一边打工，一边在读夜校。这次四川地震，他给灾区捐了300块钱。

张草棉是廖陵儿第一个帮助的对象，也是她至今最大的遗憾之一。廖陵儿带着新的衣服、鞋子去接他出所。张清友把他安排在自己的朋友、开餐馆的桂姐店里干活，但他在第二天就带着送餐款和店里的自行车跑了。廖陵儿这才想起，接他出狱的当天，少教所门口一个鬼鬼祟祟的人，给他递了一张纸条。

桂姐，这个对解教流浪少年"能帮一点是一点"的女人，曾经一年招收几十个这样的孩子。来餐馆打工的50多个孩子里，大部分待不长，卷掉送餐款逃跑的就有10多人。她的事迹经过广州电视台、深圳电视台、凤凰卫视的宣传，餐馆生意越来越少，现在已经倒闭。

"一般来说，他们之中愿意跟我们保持联系的，都是在朝好的方向变化，"安海波说，"但那些消失的人，可能已经又沉沦下去了。"

不过也有例外，一些已经生活稳定的解教少年，不愿意再参加廖陵儿组织的活动。"他们应该是想彻底斩断与过去的联系吧，我们也尊重他们。"廖陵儿说。

在帮助过的孩子中，廖陵儿最感欣慰的是阿帅。他在自己安顿下来后，主动帮其他孩子找工作。为了接济同伴，他甚至连续两个月向老板预支一两百元。廖陵儿现在最希望的，就是能有更多的阿帅混出头，回来帮助更多与他命运相同的人。

广州梦·新塘台球厅往事

广州增城的新塘镇，这个“中国牛仔之乡”，遍布了大大小小3000多家牛仔服工厂。新塘镇的许多企业，是在村镇基础上生成的，工业布局整体上显得“小、散、乱”。

16岁的辉仔的广州生活是从这里开始的。一个在外面“开工”的邻居，把父亲早逝、母亲带着弟弟改嫁的他，从江西老家带进新塘的3000多个工厂中的一个。

这是辉仔第二次来广东。他第一次来广东是12岁那年，被老家一个弹棉花的人带到深圳，流浪半年就回江西了。这一次出来，他打算挣点钱，自己能独立生活，也把年迈的爷爷从土地上解放出来。

在新塘辗转几个工厂，他终于遇到广州打工仔的倒霉遭遇：干完活快结工资时，老板已经人去厂空。自己攒的几百块钱，半个月就花完。饿了两天，厂里的广西人阿贵请他吃了顿饭。辉仔在毫不知情的情况下，跟着阿贵“开工”了。

那是一个夜归的少妇，左手挎着一个坤包。阿贵带着他跟在后面，突然拉着他加速跑过去，一把扯下坤包，狂奔到一辆出租摩托车面前，两人翻上车一溜烟跑了。

这次“开工”的收获是800块钱现金。阿贵将200块交给一个“大哥”，带着他上馆子撮了一顿。

在新塘镇的一家超市附近，有一栋三层的楼房，一层是卖场店面，二层是台球厅。

这个永不关门的台球厅总是烟雾缭绕，一两百个像阿贵这样的男男女女，在这里打桌球，吞吐香烟、白粉或者摇头丸，困了就倒在台球桌上睡觉。他们之中，年纪最大的有50多岁，搞诈骗很在行，号称从没失过手。

靠窗墙角下的白色布袋里，装着扳手、钳子、铁棍、刀片、万能钥匙……他们的生活来源，全部来自这些工具。

这个名叫“广西帮”的帮派是当地最大的帮派，300多人的规模，遥遥领先于100多人的“湖南帮”，让那些只有几十人的小帮派既羡慕又畏惧。“大哥”阿海是桂林人，留着一头又亮又卷的长发，据说做个发型要花上千块。阿海出入都乘坐一辆白色面包车——小时候在邻居家的电视里，辉仔经常能在港片中看到的那种。辉仔自称在这辆车上曾见过两挺机枪。

阿贵把辉仔带到台球厅，拉着他在大家面前亮个相，就算是加入帮派。帮里的“兄弟”“开工”后，都很自觉地将部分收入上交给阿海，其余的用来跟“兄弟们”一起花掉。他们没有固定的住处，一年到头都住在宾馆和旅社，自己租房住“不安全”。

偷窃和抢夺，是辉仔主要的“开工”方式。他最大的手笔，是在菜市场从一个少妇脖子上拽下来的金项链，卖了1万多块钱。“接过钱时，手在发抖，”辉仔回忆起自己把项链脱手的过程，“不是怕被抓，是良心上过不去。”他强调。

辉仔留了个心眼，将其中的3000块钱藏在旅游鞋的鞋头，用来回家办身份证和孝敬爷爷——把他养大的爷爷，是辉仔在老家唯一的牵挂。他用剩下的钱在当地最好的饭馆摆了八九桌。那天他喝得很开心，因为自己终于把“兄弟们”的“人情”还了，“老吃别人的，也不好意思”。开心的另一个原因，是他在饭后找“小姐”做“按摩”，摆脱了“处男”的身份。

出来混，迟早要还的。辉仔的最后一次，栽在一个手机上。他“开工”后，慌慌张张从居民楼下来，撞上了便衣。

“家里没人，要自己管好自己”

2008年8月23日，周六，晚10时。廖一柱将在周日组织一个打真人CS(真人枪战游戏)的活动，已经在一家工厂工作的顾强也来到中途宿舍，第二天跟他一起去。廖一柱希望借助这个形式，让这些无依无靠的流浪儿在这个城市建立联系，彼此成为对方的亲人。

18岁的顾强是辉仔在少教所里认识的朋友。一年前出来后，经过一位热心参与“展翅计划”的少教所大队长介绍，在番禺的一个印刷厂打工。

老家在广西容县的顾强其实姓梁，他没见过自己的母亲。他6岁时，父亲右腿在修水库时触电变残废了。顾的流浪生活大致是从8岁开始的。一辆运煤的火车，载着他对城市并不明确的向往，把他从广西拉到广东各地，最远到过甘肃。他谋生的方式是拾荒、偷窃和抢夺。

顾强给自己定的生日是5月24日——他进入少教所的日子。现在这个名字也是进所办手续时随口说的，应该是他在梅州流浪时无意间听到的一个名字。

安海波跟踪拍摄顾强，发现顾强对自己流浪生活的记忆模糊而混乱，不自觉地夹杂着谎言。“撒谎可能是他们的一种自我保护的本能，”安海波说，“比如向警察隐瞒自己的年龄。”

“喜欢去外面赌博，喜欢下馆子，用钱没有计划。但工作态度还不错，和同事关系也较以前有所改观。”负责跟踪顾强的志愿者吴祖华，在去年11月的“‘展翅计划’个案跟踪表”上，曾如此评价进厂3个月的顾强。

印刷厂厂长方雅钦说，现在的顾强已经把赌博给戒了，四川地震时还给灾区捐了50块钱。前两个月，方听说他在追求厂里一个云南来的女孩。谈及这段感情，“人家一听我的家庭情况就跑了”，顾强怏怏地说。

顾强请辉仔到外面吃夜宵。辉仔有些羡慕地看着顾强胸前的工号卡，两人就着啤酒，有一搭没一搭地聊着。顾强告诉辉仔，现在自己在厂里，包吃包住，每个月可以拿到一千两三百块钱。

“家里没人，要自己管好自己，”顾强以“过来人”的身份教训辉仔，“你自己不站起来，人家怎么帮你？”

“嗯。”辉仔点点头。

“工跟要饭一样”

辉仔厌恶地看着照片中的自己。“我的头发是不是一看就知道是在‘里面’剪的？”他问道。

“电视事件”以后的两个多星期，辉仔找工作一直都不大顺利。他开始怀疑：“每天这么出去找，有什么用啊？”

沿着中途宿舍附近的西华路一家家地问，整个西华路的餐馆差不多被他问遍了，有的老板一见他就摇头。他愤愤不平地嘀咕：“工跟要饭一样。”

这段时间梁健平比较忙，廖一柱一直在陪辉仔找工作。“他的表达能力有问题，提问提不到点子上。”廖一柱说，但他还是小心翼翼地鼓励着辉仔。每进入一个餐馆询问之前，他们都做一个加油的手势打气。

一个厨师朝辉仔笑了一下。“有什么好笑的？他自己不也是个打工的？”辉仔不高兴地说。“在做服务员时，如果其他服务员在用广东话说笑，他会显得情绪焦躁。”廖一柱说。

辉仔很反感那些只摇头、不说话的老板娘：“不招人可以说句话啊，又不是哑巴。”

“没关系，你还是可以对人说声‘谢谢’。”廖一柱提醒他。

“这个是看人来的，你对我说一声‘不好意思，不招人了’，我就对你说一声‘谢谢’。”辉仔不以为然。

“你不能要求每个人都对你有礼貌，但是你可以要求自己对别人有礼貌。”廖一柱试图继续说服他。

“你对我好，我就对你好；你对我不好，我为什么要对你好？”辉仔摇摇头，坚持自己的意见。

辉仔记得每一个对他好的人。16岁那年，他所在工厂的老板“跑路”，一个广西工友请已经饿了两天的他吃饭，他至今记得对方——虽然也是这个人，把他拉进了“广西帮”。娥姐、阿平、廖老师、王姨、张大队长……他历数着出所后对他好的人，说自己有了工作后一定要报答他们。

(本文部分采访对象使用化名)

（《中国新闻周刊》2008年第033期　2008年5月6日出版）

连环杀手宫润伯的裂变

□《南都周刊》 石扉客

如果还活着，这个佳木斯男人应该是35周岁。

18年前，他是佳木斯拖拉机配件厂工具车间的初级车工，曾经做过一个上大学的梦；12年前，他是在佳木斯监狱服刑的奸淫幼女犯；2年前，在佳木斯向阳区的一个棚户区里，出狱不久的他用一年多的时间，先后将11名孩子诱骗到出租屋里进行猥亵，其中6名幼童被杀死并分尸，给这个城市留下了巨大的恐慌和延续至今的伤痕。

他身份证上的名字叫宫润伯；在骗走孩子的佳木斯西林路天麒网吧里，认识他的人都叫这个头顶微凸、喜欢上网的中年男人“老头”。他母亲袁桂香则叫他“大扣子”，给他接生的邻居赵圣芹说，取这个小名，是想“扣住这条命”，因为此前有两个姐姐都先后夭折。

但他最终还是没能保住性命。2006年12月31日，这个叫宫润伯的男人被执行死刑。他留给这个世界的，是匪夷所思的仇恨和令人发指的残忍。没有人知道，残忍和仇恨的背后，是什么样的底层人生和急剧向下的命运轨迹。

死亡陷阱

从佳木斯火车站坐上3路公共汽车，途经佳木斯第二小学和附近西林路上的天麒网吧，只需20分钟左右就可到达终点站砂石场。

在终点站下车，往东跨过一条名叫松建街的马路，径直穿过一条狭窄的胡同，步行5分钟，可以看见一片低矮棚户区中一栋灰色的两层楼房，底层东侧有一里一外两间，朝北的里间是火炕，外间是一间客厅兼厨房。

这是2年前宫润伯的租住地，也是他的作案现场。2年来这个地方再无人居住，从附近一栋高层住宅往下眺望，和外间相连的天井里已经长满了半人高的蒿草。

这也是一条死亡之路。至少有11名孩童，在宫润伯的诱惑下，沿着这条路线，毫无防备地踏入他的死亡陷阱，其中6名孩童再也没能从这里走出来。他们中最小的才9岁，在佳木斯二小上三年级；最大的也不过是16岁，是佳木斯三中的初三学生。

和发生在2003年的河南平舆县黄勇案很相似，宫润伯营造的罪恶世界，最后也是被一个侥幸逃出的14岁孩子戳破。2006年2月26日，一个叫赵龙的孩子逃出这一人间鬼窟，在家长的陪同下报警。和黄勇案中杀戮了17名孩童的黄勇一样，那年的2月28日，宫润伯最后也是在网吧里被抓获。

但和黄勇案不同的是，宫润伯案发时的信息遮蔽，使能查证到的宫润伯的信息微乎其微，这让2年前云集在佳木斯的媒体记者们焦灼不已。在佳木斯待了一周的《南方周末》记者鞠靖，半年后在记者手记里称这个杀人现场是“不可能完成的叙述”；同样在当地待了一周以上的《三联生活周刊》一位记者，也在博客里感叹当地政府公关工作到家。即便是在一年以后，有关此案的部分细节，也仅仅是在黑龙江当地的一家通俗文学刊物上，以章回小说的方式流传出来。

挑战人性的残忍

在邻居的印象里，宫润伯常常早出晚归，偶尔也会不言不语地坐在胡同口看书，或者看人下象棋。租住在隔壁的高玉香说，两年来宫润伯几乎没跟她说过话，她甚至都不知道他的真实姓名。没人能想到，这个言语不多，看上去有几分瘦弱的男人，背后却在挑战人性的极度残忍。

9岁的佳木斯二小三年级学生王胜利，是被宫润伯杀害的第一个孩童，也是被害孩子中唯一的女童。她被害后，尸体被肢解焚烧，挫骨扬灰。案卷显示，宫润伯花了将近一个月的时间来处理遗骸，他甚至能清楚地记得丢弃这个9岁女孩残骸的四个地方，分别是天麒网吧和文化宫网吧的厕所，网吧附近一个黄色外墙的公厕里，群众艺术馆的卫生间。

王胜利的衣服和书包也大都被烧毁，现场遗留下来的一条灰色布面、淡绿背带的棉裤，在被宫润伯剪掉一条裤腿后得以幸免，成为案发后孩子的爷爷奶奶辨认尸骸身份的主要依据。

这种难以令人置信的残忍和狠毒，被不同程度地复制在其他几个被害孩童身上。唯一不同的是，自王胜利之后的5个孩童无一例外是男孩，宫润伯也不再花费心思去外面毁尸灭迹，而是因陋就简地把出租屋变成了屠宰场和停尸间。

第二个被害的，是一个不知名的流浪孩子，在掐死并分尸后，宫润伯用水泥将尸骸封在两个塑料桶里和一个炕桌的反面，放在屋子里。

随后遇害的是姜富源、马千里、白金龙和武书田。四个孩子无一例外地被猥亵后掐死，除姜富源外，都被宫润伯用刀片剖腹，然后取出内脏，装进塑料袋里扔在地上。

这个令人发指的屠杀过程，从2005年春天开始，到2006年春天结束。据宫润伯自己供述，他这样做，是为了不让尸体腐败。

这个后来成为人间地狱的房子，是宫润伯的母亲袁桂香托邻居赵圣芹替儿子租的。袁桂香甚至和出狱不久的儿子在这里一起住过一段时间，后来被宫润伯的继父黄忠接回了家。这位58岁的佳木斯拖拉机配件厂的退休女工，衣服下摆两个扣子总是扣不拢，她说几年前就发现肚子里长了个瘤子，现在越长越大。她的后院邻居胡大妈则说，都是被两个不争气的儿子气病的。

“2·28”案发、宫润伯被抓走的前一天，刚从她那里要了100元。这是袁桂香见到大儿子的最后一面。“这不过是他知道我刚开支了退休金，”袁桂香还记得当时的抱怨，“这哪是我的养老金啊，这分明是你的养老金。”

袁桂香不知道，她最后一次见到这个大儿子时，他身上穿的蓝色羽绒服，正是从刚被他杀害的16岁的佳木斯三中学生白金龙尸体上剥下来的。

青工宫润伯

一审宣判后的2006年7月14日，当地媒体作了简短的报道，那是“2·28”一案中宫润伯第一次出现在公众面前。

满头白发的佳木斯拖拉机配件厂老车工杨百城，从电视上认出了这个十几年前的徒弟。“呵，那不是宫润伯吗？”这个已被大家遗忘的前拖拉机配件厂青工，从记忆深处突然复活。

拖拉机配件厂在佳木斯的东风区，这个被当地人称作“佳东区”的区域，集中了佳木斯计划经济时代的大部分厂矿。在佳木斯人看来，无论是地理位置上还是社会群体划分上，“佳东区”作为工人子弟聚居区和作为市区的“佳市区”有着微妙的差异。

和作家何顿在他的小说《我们像葵花》所描绘的20世纪70年代大部分出生在厂矿的子弟一样，凭借母亲是工厂职工的便利，宫润伯的童年和青年时代都是在拖拉机厂的子弟学校度过。1990年，16岁的宫润伯尚未读完初中，就作为第一批签订合同的青工，进入拖拉机配件厂铸造车间工作。

半年后的一次工伤事故中，宫的腿受了轻伤，被调入活轻松一点的工具车间，成为老车工杨百城的学徒。两年的学徒生活中，年轻的宫润伯给师傅留下的印象是身体瘦弱，少言寡语，基本不太跟人来往。

两年后宫润伯出徒，获得了一份初期车工的证书。与此同时，和佳木斯的大部分国有企业一样，进入20世纪90年代以后，拖拉机配件厂没再能延续历史上的辉煌。这个停产至今的厂子一再改名，却连合资和改制的命运也未能摊上，至今仍靠出租厂房的微薄租金度日。

1992年前后，刚刚出徒的宫润伯遭逢下岗，不久袁桂香也下岗回家，与此同时，在另外一个厂子做装卸工的父亲宫西章也找不到活了。对这段时间里一家三口同时下岗后的拮据生活，袁桂香记忆犹新。老伴宫西章去卖冰棍，宫润伯和她蹬倒骑驴(踩三轮车)回收旧瓶子，间或贩卖一种叫黑加仑的饮料。

宫润伯曾经工作过2年的工具车间，意外地留存至今。车间里蒙着厚厚灰尘的机器，墙壁上巨大的红色标语，在提醒每一个来访者这里曾经有过的热闹和辉煌。

3个女性

在那段蹬倒骑驴的时光里，下岗青工宫润伯遭遇了两段情感经历。

他的第一个女友是同住在拖拉机厂社区的邻居。从上学到进工厂，这对恋人两小无猜，但到准备谈婚论嫁的时候，意外地遭遇女方母亲的强烈反对。袁桂香至今还记得那个邻居老太太天天跳着脚骂，甚至拿着大扫把将宫润伯赶出家门。

宫的初恋女友最终嫁给了拖拉机配件厂的一名临时工。案卷显示，宫在供述中回忆这段并不如意的恋情时，耿耿于怀。

半年后别人介绍了一个来自宜兰农村的女孩。来往一段时间后，家庭殷实的女方并不嫌弃已经下岗的宫，但希望他能做上门女婿，甚至一起回乡下承包土地。恰好这期间，宫润伯的父亲突发脑溢血猝死，袁桂香回忆，倒插门的要求让宫润伯觉得别扭，最终也结束了这段感情。

连续两次不愉快的感情经历，使得大儿子的婚姻成为袁桂香的头等大事。不久，一个好心的工厂同事又给宫润伯介绍了一个对象，不放心的袁桂香先赶过去见了一面，自觉儿子也许会满意。这个喜滋滋的寡妇匆匆赶回家报信，正好碰到找上门来的警察，宫润伯没来得及消受母亲带来的好消息，就被带走了。

那个夏天晚上发生的一件事情，将下岗青工宫润伯的命运推入了一个他完全没有预料到的方向。在佳东区第五百货大楼附近的旱冰场，宫碰到了一个叫贾汪的小女孩，一起看完录像后，宫将女孩带回家住了一宿。

那天是1996年7月31日，这一年宫润伯刚满23岁。次日一早，宫带着女孩一起出去玩，被女孩的家人看到。袁桂香说，这时宫才知道认识不过一天的女孩未满14周岁。宫润伯随后被指控奸淫幼女，最后被判处8年有期徒刑。

已经年过古稀的陈正南，至今还清晰地记得听到判决时宫润伯的错愕。作为12年前宫润伯奸淫幼女一案的辩护人，陈正南觉得判决结果实际上比法定的量刑幅度要轻，在他看来是辩护起到了作用，但宫润伯似乎完全没有做好坐牢的思想准备。

事实上，宫润伯当年也确实没有赶上一个好时候。8年后的2003年，最高法院重新出台司法解释，明确规定“倘若行为人确实不知对方是不满14周岁的幼女，双方自愿发生性关系，未造成严重后果且情节显著轻微的，不认为是犯罪”，当地另外一位刑事律师分析，倘若宫和贾汪的事情，发生在此时，未必能定罪。

但在1996年，宫润伯并没有选择上诉。没有人能确切地知道，这种情感深处的隐秘经历，为他的犯罪心理形成提供了一种什么样的冲击。

可供参考的一个细节是，在被抓获的三天前的一个晚上，宫搂着后来逃出虎口的赵龙，躺在4具孩子的尸体旁边，涕泪俱下地扮演了一个婚姻受害者的角色，他说他结过婚，甚至有过孩子，多年前老婆领着孩子跟一个有钱人跑了。

七年牢狱

刚入监的宫润伯，被送入佳木斯监狱下属的碳素厂进行劳动改造。这家位于佳木斯市安庆街的厂子，专门生产一种名叫阳极糊的铝厂配套产品，现在早已全面停产。

就是在这里，宫润伯度过了作为奸淫幼女犯的第一年。“2·28”案卷记载，宫润伯供述，就在这一年里，他遭逢了和好莱坞电影《肖申克的救赎》里主人公相仿的极端体验：入监不久的他被同监的犯人鸡奸。宫自认为遭受了不亚于获刑入狱的打击，极度羞愤下割腕自杀。

很快被抢救过来的宫润伯没能有电影主人公的好运气，佳木斯市公安局负责此案的一位资深刑警分析，这件事情使得他性情大变，随之开始了犯罪学意义上的性倒错心理形成过程。

案卷显示：“发生此次事件后宫润伯心理发生了扭曲，也多次以给生活用品为诱饵，猥亵过其他犯人。”宫润伯在询问中也承认，此后他一直在这种扭曲的心理体验中挣扎，这也成为他此后大多选择小男孩作为作案对象的心理动因。

袁桂香并不确切知道儿子自杀的真实原因，只知道宫润伯在监狱里“被人欺负狠了”。接到狱方宫润伯出事的通知后，她在监狱医院看到了儿子：“手腕上的刀口割得跟孩子的嘴一样，血糊啦汲的”。多年以后，袁桂香分析儿子犯罪的可能动机，揣测说：“被人欺负狠了的人，从此也开始欺负人。”

但没过多久，袁桂香的另一个打击接踵而至，她的小儿子、宫润伯的弟弟，因抢劫获罪，被送入佳木斯以北的双鸭山市笔架山监狱服刑。老伴突然病逝，两个儿子相继入监，赵圣芹感叹这个老邻居兼老妹妹命苦，她回忆那时的袁桂香，在气得大病一场后，还得隔三差五地拖着病体，一会去这个监狱看大儿子，一会去那个监狱看小儿子。

无论是身体上还是经济上，这种日子让袁桂香难以为继。宫润伯入监两年后，她卖掉了原来拖拉机配件厂所在社区的房子，带着屈辱改嫁到30公里外的佳木斯郊区沿江乡。

不成功的重新社会化

2000年12月10日，宫润伯利用他在拖拉机配件厂学到的车工技术，获得了一次减刑9个月的机会。3年后的2003年11月1日，减刑后的宫出狱，将劳改释放证书揣在怀里的他，没有按照规定前往身份证上的户口所在地派出所报到。

案发后的一份警方治安梳理报告显示，从监狱出来后，宫润伯先后换了8个地方住。母亲改嫁后的继父家，成为7年后宫润伯从佳木斯监狱出来后重新社会化的第一站。

黄庆一直很小心地和这个比他小近10岁的陌生弟弟相处。停薪留职在家做装修生意的他，尽管有大把时间和住在隔壁的宫润伯来往，彼此之间却很少说话。

一直到佳木斯市公安局刑警支队的警察找上门来，他才知道看上去挺老实的宫润伯，已经弄出了让整个城市陷入恐怖的大事情。

黄庆回忆，沉默寡言的宫，从未向大家提起监狱里的事。黄庆也不敢跟他多说，怕伤及他的自尊心，但宫的继父黄忠看不惯这个看上去有点游手好闲的年轻人，“我爹嫌他做事不利落”。

三个月后，宫润伯就从继父家搬走了，到外面卖羊肉串，拉小车，在一家名叫华丽面食的食品店里做帮工。这种临时工的生活总是不能维持多久，每到窘迫的时候，宫润伯总会回来找袁桂香要钱。

宫润伯找到的最后一份工作是开烧烤店，这份工作以一场意外发生的斗殴事件结束。黄庆现在还记得接到电话赶过去时，宫已经在医院急诊室，满头是血，脸肿得像冬瓜。这次原因语焉不详的打架事件后，宫润伯彻底放弃了正常途径的工作。黄庆事后觉得，这次被暴打，可能是让宫润伯彻底走上不归路的原因。

在母亲托人帮他租到了后来作为杀人现场的那个棚户区房子后，他最后常去的地方是附近的天麒网吧，网吧里随处可见的未成年人，从此毫无防范地进入了他的视野。按照他的供述，找这些孩子是因为“同是弱势群体，不具备反抗能力”。

案卷显示，对每个进入杀人现场后落入他掌控的孩子，他总是先打两个耳光，再拿刀子恐吓，然后猥亵，他喜欢让后来的孩子看前面遇害孩子的尸骸，再让陷入巨大恐惧的孩子叫他老爹、干爹，高兴时还会掏钱让他们上网。

继父黄忠至今有几分后悔。他觉得，倘若当初不让宫从家里搬走，也许不会出现这个结果。袁桂香也总是觉得还是应该和儿子住在一起，无论如何他就不会做这种事情了。

他的指定辩护人遇运辉律师在看守所会见了他整整3个小时。印象最深的是他说的一句话：“快点审快点判，早就不想活了。”事实上，除赵龙外，另外4个被他猥亵的孩子，回家后也随时可能告发他。遇运辉判断，宫润伯从第一次作案以来，其实就处于濒临崩溃的边缘，一面是魔鬼般的残忍和狠毒，一面是随时可能崩溃的脆弱和绝望。

臆想中的大学梦

宫润伯留给这个世界的最后一个谜团，是他向警察供述自己一段16年前的光辉历史。案卷显示，在不下十次的讯问中，宫都将自己描绘成一个20世纪90年代毕业、怀才不遇的大学生。

根据他的供述，因为在佳木斯拖拉机配件厂表现优秀，1992年他被保送到省城，进入哈尔滨工业大学进修金属工艺学专业，为期三年半的学习结束后，他获得文凭，借此回到拖拉机配件厂准备提干，这时厂子已经没了，毕业即失业的他，汇入到这个城市数以万计的下岗大军。时世不济，最后走到这一步。

现在留守在这个前拖拉机配件厂的几位管理层成员，对宫描述的这段历史深表惊奇。劳资科长崔秀华说，在宫描述的20世纪90年代初期，工厂已经显现出生产和经营上的颓势，连分到工厂的大学生都纷纷准备走人，罕有保送工人到大学去进修的机会，即便有，也是表现特别优秀，青工宫润伯不可能进入这个范围。

对两个儿子，袁桂香自感家庭教育完全失败。她叹息，倘若能有去省城上大学的机会，宫润伯还会有后来的那些事吗？“也许他是在做梦吧，梦里想上大学。”

除了一前一后跨越10年的两个案件中一沓子案卷上的签名和手印，宫润伯几乎没在这个世界留下任何痕迹。袁桂香说当初搬到出租屋时，宫润伯就带走了所有和他有关的物件，连同那张劳改释放证。她一直念叨想去给人家房东收拾一下已经荒芜的房间，又担心无力支付宫欠下的房租。

通过权威渠道，记者获得了两张宫润伯在不同时期的照片。一张是1992年留下的身份证照片，穿着一件白色T恤的宫润伯，留着右分头，脸形瘦削，皮肤白净而不失俊秀；另一张是14年后案发被捕时拍摄的，秃头，表情冷酷，嘴角带有可疑的血迹。这两张无法联系到一起的照片，能看到的是外貌的变化，看不到的，是命运中无数的偶然和必然，一步步吞噬他的人性的过程。

在庭审的最后环节里，宫润伯终于流露出来一抹复苏的人性。被害孩子家长的代理律师陈虹回忆，他向被害人家属表示道歉，甚至表示愿意把自己的器官捐赠给医疗单位，换来相应的经济补偿。但这个试图表示忏悔的想法，因为找不到法律依据，没有被法庭采纳。

宫润伯留给母亲的最后一句话是在刑场，他对执行的法警说：“别去打扰我妈了，我对不起她。”

（《南都周刊》总第206期　2008年4月4日出版）

还原张荣坤

“小苏州”张荣坤打通上海权贵之门的关系经营史

□《财经》 罗昌平 陈中小路 赵何娟

2007年最后一周，一场暴雪将吉林省松原市的气温压至零下10摄氏度，而上海社保案核心人物张荣坤案在此开庭，却使这个位于黑、吉、内蒙古交界的边陲小城骤然升温。

2007年12月27日上午，张荣坤案一审在松原市中级人民法院开庭。这是张荣坤案发500多个日夜之后，再次现身公众视线。

被告席上的张荣坤，褪却了“慈善状元”、“公路大王”等光环，神态不失沉稳。狭小的主审法庭被控辩双方占满，张荣坤始终不曾回头。参与旁听的30多人只能通过隔壁法庭的转播屏幕，看到一个孤独而富态的背影。

松原市检察院、吉林省检察院共同组成案件公诉方，张荣坤及其控制的上海沸点投资发展有限公司(下称“沸点投资”)、福禧投资控股有限公司(下称“福禧投资”)成为本案个人和单位被告，福禧投资出资人周卫明、投资总监张军、董事兼运营总监王永德则同案被诉。

上述四名被告人和两家被告单位一共被控五宗罪：沸点投资、福禧投资、张荣坤涉嫌单位行贿共计2913.6113万元，沸点投资、张荣坤涉嫌对公司人员行贿170万元，两项行贿总金额高达3083万余元；沸点投资、张荣坤涉嫌操纵证券市场罪，福禧投资、张荣坤、王永德、张军涉嫌欺诈发行债券罪，沸点投资、张荣坤、王永德、周卫明涉嫌虚报注册资本罪。

多达11人的豪华律师团为被告提供辩护，其中张荣坤及公司聘请了五名律师。四名被告的家属各获得三张旁听证，张荣坤之妻张樱作为本案证人，并未获准入庭。

由于五项罪名的事实部分并无争议，加之张荣坤基本认罪且无立功表现，原计划至少四天的庭审两天即匆匆结束。控辩双方仅就虚报注册资本罪、操纵股票价格罪的定性程度，在最后半天展开了两轮辩论。

截至《财经》发稿时，案件宣判尚未有期。

张荣坤受审，意味着震动世人的上海社保案及随之而来的大审判渐近终局。

上海社保风暴降临于2006年夏。当年7月5日，中央纪委会同国家审计署等有关部门，对上海市社保局违规运营社保基金问题展开核查；7月17日，上海市社保局原局长祝均一被“双规”；因涉嫌欺诈发行债券罪，次日凌晨，在位于上海西郊宾馆4号的住所里，张荣坤被公安部证券犯罪侦查局上海分局采取监视居住的强制措施。此后，社保案波及上海政要、国企高管及民企富豪近30人，上海市原市委书记陈良宇亦由此落马。

2007年国庆节前夕，上海社保案所涉的22人已分别在吉林、安徽、上海三地相继受审，部分一审或终审已获判决。继张荣坤案开庭之后，上海市原市委书记陈良宇、上海市长宁区原区长陈超贤、上海房地局原副局长殷国元、上海申能集团原副总经理王维工，亦将分别在天津、安徽和上海等地被审查起诉。

虽然大审判未到终局，但核心人物张荣坤所面临的司法指控，以及此前对社保案受贿方的系列判决，已清晰勾勒出一个多重利益交汇的腐败联盟。

居于权钱交易网中枢的张荣坤，是人们注目的焦点。2000年之前，张荣坤大体上不过是在苏州、南京创业的年轻商人一名，小有成功，但影响力偏于一隅。2000年后，张荣坤转战上海，转瞬间崛起为长袖善舞、乐善好施的一代青年富豪。先则撬动数十亿国有资金，连番坐庄股市；次则依托高速公路建设，坐收百亿元社保资金与银行贷款，大肆染指金融、地产和上市公司。一个异地年轻商人，何以在上海滩收获惊人功业？无他，打通权贵之门，六字而已。

然而，区区六字，谈何容易。从寂寂无名的小职员起步，张荣坤15年间步步钻营，以过人的逢迎手段渐次接近高层，织起一张上达官场显贵、下连市场作手的庞大网络，仅已诉诸司法的贿款金额就达3000万元之巨。打通权贵之门，岂是幸得！

前传：1992—1999年

小商人

初尝来得快的钱的滋味

张荣坤出身寒微。

苏州城内上塘街，一个石库门大宅院里，曾居住着苏州百货公司的14户职工。1973年10月3日，张荣坤便出生在这里。父亲是返城知青，家境清贫；与其同岁的妻子张樱住在不远处的义慈巷16号，她家对面就是两人的初中母校苏州市第五中学。

张荣坤的正式教育早在1992年就已结束。他从苏州市第十一中学高中毕业后，第一份工作是苏州三山期货公司的经纪人。据他向调查人员提交的简历显示，此时张荣坤只有18岁。

刚刚走入社会的年轻人张荣坤别无凭借，但其机灵已经给人们留下印象。“善于经营人脉，思路非常灵活。”一位熟人回忆。

1992年，苏州市科委下属进修学院举办了一个对外经济培训班，讲课者为上海各名牌大学教授，学生则为本地三资企业、大型国企的高管。张荣坤请托多方争取到了旁听机会。对于一位刚刚还是中学生的18岁年轻人来说，这确是不常有的远见。

期货经纪人生涯非常短暂，在太湖度假区的工作则更短。不晚于1993年，20岁的张荣坤迫不及待地开始创业。

周卫明比张荣坤大两岁有余，两人合伙在苏州当时最大商场人民商场租下一个服装柜台。周既是张荣坤的第一个合伙人，也是日后张最亲密的追随者。他出任张氏旗下多家公司法定代表人，直至2006年7月27日因涉嫌虚报注册资本罪被监视居住，此次一起走上被告席。

当年11月，张荣坤参与组建苏州惠丹尼时装公司(下称“惠丹尼”)，这是他实际运作的第一家企业。惠丹尼主营服装、皮具，规模很小。50万元注册资金由龙努西服厂划拨，后者是苏州市人民警察学校的校办企业。

惠丹尼公司实行经理负责制，20岁的张荣坤任经营经理。工商登记资料显示，惠丹尼开业仅一年就被注销，但此后张荣坤仍以其名在外活动。

做服装小商人辛辛苦苦挣利润，不是年轻人张荣坤志向所在。据他案发后的供述材料，1994年间，他已涉足期货交易。在苏州商品交易所炒期货，“赚了几百万元”。自此之后，只有来得快的钱，才能引起张荣坤的兴趣。

1995年7月，苏州恒旭企业发展有限公司(下称“苏州恒旭”)成立。公司注册资金150万元，其中惠丹尼出资76.5万元，占51%；张荣坤个人出资73.5万元，占49%。除服装外，新增房产装饰、建材销售等业务。

事实上，苏州恒旭是张荣坤投资的操作平台。到了1997年左右转进股市，规模已近千万元。

尽管张荣坤日后身陷囹圄时，谦称此时“规模很小”，无家世、无背景的年轻人下海四年有此收获已属不易，但张荣坤志不止此。

老同学张樱此时已经与张荣坤走到了一起。张樱在惠丹尼公司长期任职，并出任张荣坤多家公司股东或法定代表人。两人最终于2003年完婚。

在公司员工看来，张荣坤仪表堂堂，有年轻人少见的沉稳，张樱身高1.7米，挑染短发，作风干练。夫妻两人恩爱有加，即使开会之时，张荣坤也会不经意间喊出“樱樱”这样的昵称。

张樱有亲和力，有足够的谨慎与组织能力——她精密地管理着为丈夫及公司辩护的五名律师，用不同的电话号码与其联络，并限制彼此的沟通与联系。2007年12月29日，《财经》记者与其共进早餐时有过短暂交流，略见其对公司及家族的控制力。

张荣坤受押期间亦向律师转话：“现在只有她会救我，也只有她能救我。”

“小苏州”

张荣坤恭逢其会，迎来送往，得以结交上档次的有力人士，渐渐在上海政商界中有了“小苏州”之名

不止一位知情人士向《财经》记者介绍，张荣坤日后跃出苏州一隅的关键，就在太湖边上的东山宾馆。

东山宾馆是一座五星级标准的国宾馆，位于苏州东山镇，背山面湖，风景绝佳。1994年开业时，太湖度假区获批为首批国家级旅游度假区才两年，东山宾馆人迹尚稀，一度成为上海政府官员及国企高层常去的度假和会务之所。

东山宾馆系属国有，关于张荣坤在此间的角色有多种说法。一种说法称，张荣坤承包了宾馆；一种说法称，其挂名副总经理，主要为东山宾馆推销客房和会务。不论哪种说法更接近事实，东山宾馆都成为张荣坤发挥逢迎与结交才能的第一个重要场所。

东山宾馆其后与张荣坤合资成立公司，其法定代表人尚农亦在两家相关公司中担任董事，可为张荣坤在东山宾馆如鱼得水的侧证。

沪上冠盖云集此地，张荣坤则恭逢其会，迎来送往，得以结交上档次的有力人士，渐渐地，在上海政商界中有了“小苏州”之名。

熟悉上海话的人知道，以籍贯前加“小”字命人，在上海人中，是对外地年轻人相当亲昵的褒奖之词，意谓灵活能干。有此称呼，张荣坤日后在上海的发达已有门径可窥。

韩国璋与韩方河，便是在此期间与张相识。韩国璋其时虽不居显官，但在由机电系统整合而成的上海电气(集团)总公司担任办公室主任等职，上海人脉甚熟。事实上，陈良宇等上海多名党政高层，均出身于上海机电系统。韩国璋曾在1998年间患病，张荣坤得讯后驱车数百里往探，两人从此交情深厚。

韩方河当时任职于上海国际信托投资公司，正参与筹建华安基金。二韩是小学同学，彼此甚为熟悉。

近十年以后，两人均因上海社保案落马。其时，韩国璋任上海电气(集团)总公司副总裁，韩方河任华安基金总经理。前者因受贿600多万元，被判处无期徒刑；后者因受贿400多万元，被判处18年有期徒刑。

驱车探病之外，当年二韩与张还因何交情深厚，已杳不可考。而张荣坤案发后的审讯笔录，亦未着墨于东山宾馆一节。

“二韩不仅日后协助张荣坤获得资金，而且还介绍张荣坤认识了大批上海政商两界人士。”张荣坤的一位辩护律师对《财经》记者说。

韩国璋本人称，曾介绍韩方河、王成明〔案发前为上海电气集团总公司董事长，曾任原上海广电(集团)有限公司总裁〕、王国雄〔案发前已退休，曾任上海工业投资(集团)有限公司总经理〕和祝均一(案发前为上海社保局局长)相识。

数年后张荣坤得意上海滩，在政商圈中遍撒金条，其中部分金条，即经由韩国璋之手散出。建立、稳固并扩展这种灰色关系，正是张荣坤的长项。

1998年前后，通过韩国璋引荐，张荣坤结识了秦裕——时任上海市委副书记、副市长陈良宇的秘书。因受贿682万元，秦裕于2007年12月终审，被判处无期徒刑，贿款中即有39.9万余元来自张荣坤。

1997年到1999年，张荣坤关系网初就，生意规模有所扩大。1997年11月，他以苏州恒旭与东山宾馆合资组建江苏东山实业发展有限公司(下称“东山实业”)，注册资本3000万元，其中苏州恒旭占股55%，张荣坤自任董事长。

一位当时与他有过业务往来的苏州人士表示，在苏州生意人的圈子里，张荣坤已小有名气——“做得比较大，过手的钱比较多”，大家资金周转不灵找他借钱，往往出手豪爽。

此时的张荣坤在上海已有布局。1997年12月，他注册了上海同创企业发展有限公司(下称“同创企业”)，同期也借华东师大前教师秦裕之力，就读华东师大在职研究生。但张荣坤大举进入上海，则要到两年多以后的2000年。

南京插曲

“实业来钱太慢。”张荣坤说

介乎东山宾馆阶段与2000年转进上海之间的，是一段原因不明且最终无疾而终的短暂插曲。

1999年，张荣坤转战南京，旗下东山实业与苏州吴江富豪蒋学明的东方控股集团各自出资1500万元，在南京注册成立了江苏两江实业发展有限公司(下称“两江实业”)。

蒋学明比张荣坤大十余岁，其名下的江苏东方控股集团脱胎于当地一家大型服装企业。张荣坤与蒋学明的正式合作为时甚短，但两人此后各自的发展轨迹却相当接近：蒋学明坐庄泰山石油(5.76，0.17，3.04%)(深圳交易所代码：000554)，收购安徽省合巢芜高速公路。

先股市后公路，很难说是谁在复制谁的投资主意，抑或，这正是政商关系深厚者当时不约而同的选择。

不难在张荣坤的南京布局中读出“东山宾馆模式”——两江实业选址于南京市北极阁1号。

此地原为宋子文公馆，始建于1933年宋担任国民政府财政部长时期，由两幢掩映在鸡笼山深处的小别墅组成，内部中西合璧、富丽堂皇。此前，其中一幢别墅被作为江苏省委招待所，专门接待高官；另一幢则被两江实业租下，直到张荣坤案发后被政府收回。

名义上，两江实业经营范围横跨“国内贸易，实业投资，制造加工服装和销售，计算机网络的设计以及施工”，但接近该公司的人士透露，主要业务就是炒股，此外便是承担各种接待业务，公司员工则经常在南京市面寻找奇珍异石。据张荣坤供述，其在南京时炒股资金规模已经增加至约7000万元，不过其中有部分是从证券公司获得的配比资金。

张荣坤曾有意在南京大有作为。昔日的一位合作伙伴告诉《财经》记者，张荣坤名下有数家公司落户南京，其中包括主营软件业务的南京蓝江信息科技有限公司、南京禧福投资发展有限责任公司(与日后闻名的“福禧”公司字面正好相反)、江苏惠民堂药业有限公司等，多为投资实业的公司。

但是，在这些公司筹备落成之后，张荣坤便对打理实业投资丧失兴趣。“慢慢地就不再回复我们的汇报了。”一位当时的下属说。

“实业来钱太慢。”这位下属转述张荣坤对南京实业投资的评价。工商登记资料亦显示，上述南京公司均惨淡经营。张荣坤在南京的一大收获，是其后期重要助手王永德于此时加盟。

王永德生于1970年12月，毕业于清华大学，曾为上海沪中资产评估有限公司合伙人；随张再入沪后，出任福禧投资董事、运营总监兼董秘。

2006年12月19日，王永德被捕。此番受审，他被控“欺诈发行债券”以及“虚报注册资本”两项罪名。

到了2000年底，张荣坤已决意全面转向上海。此时，张经营多时的上海政商关系有了突破性进展。

年轻的张荣坤已有了七年商人生涯，自身长处与短处、喜好与嫌恶了然。上海滩十里洋场，一场不可能预想得到的大富贵在等待着他。

下篇：上海风云：2000—2006年

大庄家

初战海欣股份(3.56，0.04，1.14%)虽败，但有力者对张荣坤的信心与支持不仅未动摇，反而升级

在上海虹桥开发区和古北商圈，紧邻虹桥国际机场，坐落着沪上最大的花园别墅式国宾馆上海西郊宾馆。这里早年主要用于招待高级干部，至今仍是上海权力与地位的象征。张荣坤入沪即租住此间豪华别墅，依稀可见东山宾馆—北极阁的起家路数。

就是在这里，张荣坤六次向时任上海市主要领导秘书的王维工行贿，他在上海官场关系的飞跃亦自此始。

通过秦裕等人的渠道，2000年间，张荣坤与时任上海市主要领导秘书的王维工结下私交。此后多年，王维工成为张荣坤政商经营最重要的恩主之一，亦是受其贿赂金额最大的官员。

张荣坤固交有术，出手豪绰，前后行贿王维工财物933.25万元，除六次在西郊宾馆，其余八次发生在2002年王维工调任北京之后。14次行贿始于2001年9月，终于2006年6月，即上海社保案案发前一月。

张荣坤麾下28辆豪华轿车随时待命。司机们在此有专用的卧室，待遇不坏，但随时都要工作。张行踪不定，睡觉很晚，谈判到凌晨3时是常事。张荣坤苏州时代的朋友和下属也都荟萃此间。周卫民、沈嘉健、时文绮等心腹旧人均掌握实权。其中，“时文绮很少能见到”，一位工作人员说。

“很难见到”时文绮，是因为她操盘海欣股份坐庄。这是张荣坤入沪的第一场大阵仗，也是他到终局也未能扳回的一次大失败。

其实，2000年底坐庄海欣股份(上海交易所代码：600851)时，无论是格局还是规模，张荣坤地利人和俱备，拥有此前无法想象的便利。

好朋友、华安基金总经理韩方河动议，相互配合“集中操作”海欣股份。该股此时已是华安基金重仓股。韩方河与海欣股份董事长袁永林相熟，并引见给张荣坤，三方联手：利用华安基金重仓优势，由张吸纳华安基金的股份，同步拉升股价，再由韩安排旗下基金与张倒仓，承接张抛出的股票。其间，袁永林掌握上市公司，适时披露利好，甚至不惜在报表上炮制虚假利润，以求配合。

有关司法会计检验报告显示，张荣坤通过同创企业、沸点投资、新天财务、工业新创、高速广告、茂祥投资、两江实业、祥恒贸易、兴广实业、广泰电子、苏新发展等公司，在83个证券公司营业部开设了135个资金账户，下挂13843个账户进行操作。

此时的张荣坤，调动资金的能力已非往日可比。2000年间，经由韩国璋介绍，张与上海工业投资(集团)有限公司(下称“上工投”)原总经理王国雄及上海广电(集团)有限公司原总裁王成明相识，再经有力者施以关键的推动，来自两集团的资金源源而来。

以上工投为例。最初双方采用委托理财的方式，由上工投在原三峡证券(后经重组迁址并更名为亚洲证券，最终于2005年5月被华泰证券托管)上海瑞金一路营业部开户，委托张荣坤一方负责该公司账户内资金的证券买卖和资金划转。后者许诺的回报率为8%—9%，一般还款周期是八个月。2000年到2001年期间，共有16笔、总计17亿元资金以此方式流向张实际控制的公司同创企业、沸点投资、新天财务。

本是“天衣无缝”的内幕交易，却难抵2001年下半年开始的大熊市。很快，张荣坤发现自己陷入了陷阱：尽管你可以随意控制价格，但你找不到买家。另一方面，循环委托理财许诺高额回报，产生沉重的运作成本。只有吸引更多的资金注入，才能维持这个游戏。这是在熊市中击垮了以“德隆系”为代表的几乎所有“集中持股”型庄家的陷阱。年轻人张荣坤未能幸免。

2001年7月5日，大量海欣股份股票被高位抛出，韩方河让张荣坤“顶住”，张荣坤一日内砸入2.7亿元。“接货接到手软，负责操作的时文绮当时都哭了。”张荣坤在供述中说。

张荣坤随即从江苏找来操盘名家、斯威特总裁严晓群，亲自坐镇大户室操盘。在严氏操盘的一年间，大举震仓、分仓，但事与愿违，期末张的持仓量不减反增。数年之后，一代庄家陷入了属于自己的绝境。2005年9月开始，严晓群主持的斯威特系被爆资金危机，并深陷多宗股权纠纷。旗下上市公司*ST沪科(上海交易所代码：600608)原董事长张杰涉嫌挪用资金1.7亿元已被送上法庭，严晓群则另行处理。

比几乎所有庄家都要幸运的，是张荣坤资金源源不绝。这既是因为支持者力度足够，也与张本人的行事风格不无关系。上工投早期17亿元资金，大多如期还本付息，偶有延迟亦不过数日。王国雄及上工投财务主管李易增均参与炒作股票，在熊市中自然损手损脚。张荣坤即令手下往两人亲属的股票资金账户中分别打入500万元。两人自然心中有数。

上工投资金供给唯恐不周，到了后期，干脆与张荣坤旗下公司合资成立上工新创公司，由张持股52%。此后上工投的资金作为投资直接打入上工新创，再进入股市。

直到2006年夏案发，上工投和上广电累计给张提供的资金超过40亿元。上工投的资金主要来自企业资金、政府拨款以及银行贷款，而上广电提供给张荣坤的资金主要来自当年增发所得。除上工投和上广电的融资，张荣坤之后几年陆续又从海欣股份、上海社保局、上海路桥、嘉金高速等处拉来资金。

海欣股份做庄惨败，始终未能翻身。2004年到2005年间，张、韩、袁等人多方设计解套，包括找其他基金接盘、收购美国上市公司，以及资产注入之类的方案，都因不具操作性而不了了之。

2003年到2004年间，张荣坤还斥资1.65亿元，入股华安基金，获20%的股份。

其时证券市场低迷，华安基金几方券商股东急于套现，复星集团和工商银行(3.76，0.04，1.08%)等有意进入；倘若成为现实，海欣股份之事将暴露无遗。身为华安基金总经理，韩方河以辞职相抗。为求自保，他拉来了同样有资金陷入海欣股份的上工投、上广电，再加上张荣坤老关系上海电气，与张荣坤一起各持20%华安基金股权，海欣股份之事方未穿帮。

根据起诉书所称，2000年12月8日，张荣坤所持海欣股份仅占流通股的0.17%；到2006年7月21日，已占到流通股的70.16%。其中，在2005年12月15日达到最高点，为72.44%。如果计入华安基金旗下涉及的七只基金所持仓位，至案发时，庄家方面控制海欣流通股达89.54%，2005年7月28日最高点甚至达97.85%。

“彻底陷入了海欣股份这个吸水黑洞。”张荣坤事后回忆说。不过，张荣坤炒股所拆借的资金，基本按期归还，信誉尚佳，内幕交易的合作方个人亦获厚贿。为张提供炒股资金的王国雄及上工投财务总监李易增，因受贿罪分别被判无期徒刑和有期徒刑15年；韩方河受贿400万元及操纵证券价格，获刑18年；海欣股份袁永林受贿100万元及操纵证券交易价格，获刑8年。

以委托理财模式撬动国有资金坐庄股市，构成了张荣坤向官商过渡的重要转折，过往的人际逢迎由此转变为真实的利益联盟。张荣坤初战海欣股份虽败，但过程中表现出“忠实”“诚信”“可靠”的一面。有力者对他的信心与支持不仅未动摇，反而升级。

前后数十亿坐庄股市，以资源动员能力计，张荣坤已可算是上海滩当时有数的“隐形”富豪；当此之时，高人指路，要他改换路数，高调出场，攀附另一条通向更高端政治资源的“终南捷径”——慈善捐赠。

慈善状元

外来者张荣坤一举确定了慈善扬名的入沪方略，更深谙曲径通幽的攀附要诀

“对我来说，捐个100万，不过意味着今年少换一辆车，少买一套房。”2001年初，张荣坤在上海市慈善基金会举办的捐赠活动上出手200万元，拿下上海民营企业慈善捐赠“状元”，然后以外省年轻富豪姿态出场，有如此说。其时，上海私营企业尚处于财不露白的低调状态，外来者张荣坤一举确定了慈善扬名的入沪方略，更深谙曲径通幽的攀附要诀。

由于坐庄海欣股份(3.56，0.04，1.14%)，2001年，张荣坤只是小试慈善牛刀。待到2002年深陷股市泥沼、不得不转换猎取目标直指沪上高速公路时，张荣坤捐赠数字如火山喷发，一举跃入千万级别。

2004年12月，张荣坤入选中华慈善总会评选的中国最具影响力的百位慈善人士。评选公示材料称，张荣坤十多年来，累计向社会各界捐款3227万元。其实，几乎全部捐赠额，均发生在张荣坤入沪以后，特别是在2002年染指上海路桥股份以后。

一则《解放日报》2003年初的消息则称，张荣坤“近年来”共向市慈善基金会捐赠了2250多万元。上海大通会计师事务所的审计报告显示，张荣坤2002年以福禧投资名义对外捐赠额高达2706万元，以至于企业竟亏损486万元。根据胡润中国大陆慈善家2004年排行榜，张荣坤以2003年捐赠900万元名列第31位。

到了2004年度和2005年度，张荣坤捐赠势头有增无减，分别为2400万元和3800万元(据胡润中国慈善家排行榜)。截至2006年夏天案发前，张荣坤出现在媒体聚光灯前的时机，无一例外地与慈善捐赠及年初公益活动有关。

与出手凌厉的捐赠相随，是这名外来商人沪上社会地位的节节高升。早在2001年，张荣坤就成为上海长宁区工商联常委。同年7月，上海市人大、市工商联负责人到长宁区民营企业调研，“重点探访沸点投资的融资问题”。2002年5月，张荣坤成为上海市慈善基金会名誉副会长；7月，再任上海市工商业联合会副会长；8月，又任上海公共关系协会名誉会长。此外，张荣坤还曾荣获上海市“慈善之星”、民政部先进个人等多项政府嘉奖。

起诉书称，2004年，在秦裕的帮助下，张荣坤获得“全国优秀中国特色社会主义事业建设者”荣誉称号。这是中央统战部、发改委、人事部、国家工商总局、全国工商联设立的一个针对非公经济人士的国家级奖项。与张荣坤同批获奖的，还有王均瑶、郭广昌等沪上知名企业家。

张荣坤所获最显赫地位，当属2002年间以29岁之身当选全国政协委员、全国青联常委等职务。有意思的是，因为要掩盖资望太浅而蹿升太快，张荣坤将自己在全国政协委员简历上的出生时间改到了1968年，比自己身份证上的实际年龄大了足足五岁！

以全国政协委员之身往来京沪，张荣坤自然将关系网织到了北京，行贿王维工就有八次发生在这里。其他布局亦已启动。

2004—2005年间，张荣坤投资约4亿元参与中国再保险集团重组。包括投资1.968亿元拥有中国财产再保险公司11.03%的股权，投资1.68亿元持有中国人寿(21.08，0.28，1.35%)再保险公司10%的股权，投资2000万元持有中再资产管理公司9.9%的股权，投资1545万元持有中国保险报业公司15%的股权。

在此期间，张就读北大光华管理学院EMBA项目，再现当年入沪先入学的一幕。2006年3月，福禧投资还在银行间市场发行10亿元短期融资券，成为第一家发行短券的民营企业。

与张荣坤同为政协委员、青联常委的国家统计局原局长邱晓华，亦在任内获张赠送10多万元现金，并因此落马，最终因重婚罪受刑。这一款项虽以礼金而非贿金论处，但张氏在全国政协委员、青联常委平台上广结善缘，可见一斑。

不过，张荣坤在北京的发展并未充分展开。与2000年底决心入沪不同，此次他并未决心北上。直至垮台，他的重心始终在上海。

“公路大王”

2002年1月，王维工邀请了时任上海市市长陈良宇与张荣坤一起用餐。张荣坤请陈良宇在收购上海路桥一事中予以关照，陈当即表示支持

早期动用国有资金炒股，张荣坤虽然长袖善舞却也一直低调。至2001年熊市难起，他于次年春天又以上海“公路大王”身份横空出世，格外高调起来。

此前半年，张荣坤经韩国璋结识时任上海城投总公司(下称“上海城投”)高层，了解到上海城投有一条公路要“处理”。上海城投方面称已与浙江方面谈判，但也欢迎有实力的江苏企业加入竞争。

这条要“处理”的公路，即指上海城投下属上海路桥发展公司所持有的沪杭高速上海段经营权。

张荣坤志在必得，并动用了竞争者无法企及的高层关系。

“2002年1月，福禧投资(为)收购上海路桥，请王维工帮助。王维工邀请了时任上海市市长陈良宇与张荣坤一起用餐，张荣坤请陈良宇关照，陈良宇当即表示支持。”

起诉书中的这段细节，为张荣坤上海发展的最大转折“画龙点睛”。由于张此前在人脉和慈善两方面的充分铺垫，陈良宇此时的表态亦显得“水到渠成”。这顿饭之后，其他各路竞争者纷纷铩羽而归，其中就包括来自北京的华闻控股；其当家人王政由此决心与上海本地势力结盟，最终亦于上海社保案中折戟。

同年2月，张荣坤成立福禧投资，由沸点投资、南京禧福、自然人时文绮、沈嘉健为股东，注册资本5亿元(后增资至10亿元)。

2002年3月26日，在上海市政府一号贵宾厅，市政府秘书长姜斯宪主持

了上海路桥发展公司股权转让协议的签字仪式，陈良宇出席，相关委办局领导也悉数到场，场面极为盛大。

《股权转让协议》确认，上海城市投资建设开发总公司将所持有的99.35%路桥公司的股权，以人民币32.07亿元转让给福禧投资。后者支付现金10.15亿元，承担原上海城投对上海路桥21.92亿元的长期借款担保责任，并负责借款本息偿还。有关收购款项，则可于2002年分三次支付。

消息震动业界，此前寂寂无名的张荣坤和成立方才一月的福禧投资，自此成为公众视野中的“公路大王”。

根据上海市技术产权交易相关指标，上海路桥转让前评估总资产37亿元，负债总额为23.3亿元，所有者权益(净资产)为13.7亿元，按照福禧投资股权计算，对应资产价值也在13.6亿元。

案件起诉书称：“此笔交易实际支付10.15亿元，获得了最低价值13.36亿元的上海路桥股权。陈良宇违反决策程序，在没有充分论证和评估的情况下，擅自决定将上海城投总公司持有的上海路桥公司99.35%股权转让给福禧投资。”

张荣坤在这宗交易上获利，绝不仅限于价格上的些许优惠。福禧投资实际上用杠杆收购方式，将沪杭高速上海段30年经营权纳入囊中。

公路项目还有一层重要的意义，就是连接张荣坤在股市黑洞中几乎断裂的资金链。

2002年8月，福禧投资再从中国工商银行(3.76，0.04，1.08%)上海市分行获得100亿元本外币融资额度，用于基础设施建设。资料显示，福禧当年即从工行获得短贷6亿元。

张荣坤10亿元收购款的另一来源，则正是上海社保资金。起诉书称，2002年夏，经韩国璋、韩方河介绍，张荣坤认识了时任上海社保局局长的祝均一。当年10月，张荣坤就从上海社保局处拿到了第一笔2亿元的借款，并“按约定给予祝均一、韩国璋、韩方河回报”。

2003年3月20日，上述所贷2亿元被存入亚洲证券上海常德路营业部，随后以张樱、周卫明、时文绮的名义开出三张本票，共计1.7亿元，以股东增资名义转入沸点验资账户，欺骗工商行政部门使公司注资达到2亿元。在此过程中，王永德负责资金调度，周卫明负责办理具体的验资、增资手续。由此案涉虚报注册资本罪。

此后，张荣坤以高速公路为融资工具，又累计拆借34.5亿元的社保资金，并引发社保大案。此为后话，但其获地方高层支持得手路桥股权在前，谋取社保资金在后，当属无疑。

超级权贵资本

相比其他权贵资本，张荣坤更有银行贷款和社保资金一明一暗两条融资渠道，杠杆率大为提高

知情人士称，2002年张荣坤收购上海路桥，确有基础设施建设领域向民营资本开放的政策背景——“王维工、秦裕等人根据高层的意思，让张荣坤等人首批运作，并在政策和资金上予以协助。因为当时先知先觉者已领会到有关政策，可以在这个领域做些尝试。”

起诉书提到，时任上海市市长陈良宇秘书的秦裕，对福禧投资取得沪杭高速经营权、嘉金高速BOT项目提供了帮助。

上述政策信息，在2001年12月原国家计委颁布的《关于促进和引导民间投资的若干意见》中已然透露。文件首次提出：“逐步放宽投资领域。除国家有特殊规定的以外，凡是鼓励和允许外商投资进入的领域，均鼓励和允许民间投资进入。”

在实行优惠政策的投资领域，其优惠政策对民间投资同样适用；鼓励和引导民间投资以独资、合作、联营、参股、特许经营等方式，参与经营性的基础设施和公益事业项目建设。鼓励和引导民间投资参与供水、污水和垃圾处理、道路、桥梁等城市基础设施建设。

同期，上海市人民政府发布《关于进一步服务全国扩大对内开放若干政策的意见》，明确规定，来沪投资企业参与“一城九镇”城镇基础设施与公共设施的建设和经营，享受有关优惠政策。

开放政策之前，国内公路历来以国营主体“贷款修路，收费还贷”的模式建设，在引进外资和民资的背景下，便发展出相应的BOT和TOT模式。

BOT是英文Build-Operate-Transfer的缩写，即建设—经营—转让方式，是指政府将一个基础设施项目的特许权授予承包商；承包商在特许期内负责项目设计、融资、建设和运营，并回收成本、偿还债务、赚取利润，特许期结束后将项目所有权移交政府。

TOT方式则是将现有已建成的设施转让给投资者，国营主体收回资金投入新的建设。这一模式一般不涉及项目的建设过程，避开了BOT方式在建设过程中面临的各种风险和矛盾，如建设成本超支、工程停建或者不能正常运营、现金流量不足以偿还债务等。有些项目可能需要进行技术改造，但同新

建项目相比，风险和矛盾有所降低。

但事与愿违。在高速公路“允许民间资本进入”的政策实施过程中，由于地方政府强势干预，黑箱操作，公开公平竞争环境难以形成，“民营化”实验迅即成为官商勾结的场所，高速公路或同类大型公共基建项目演变为权贵资本融资工具，案例频发，教训深刻。

本世纪以来，各地公路经营权转让频现内幕交易。贱卖问题之外，一些民营业者挪用建设资金，虚增建设成本，最终收买政府官员延长公路收费年限。2006年11月，交通部下文，要求各地政府在国家新的《收费公路权益转让办法》颁布实施之前，暂停还贷公路收费权益转让，而新的《办法》迁延一年，至今并未出台。

上述政策的现实困境，在张荣坤握有的两条上海高速公路上体现得甚为典型。收购上海路桥，实为TOT模式。由于沪杭高速公路上海段为已建成公路，资产负债比例也达到了70%的银行政策线，因此张荣坤只能以改扩双向四车道为由，每年向工行申请五六亿元规模的短贷。

作为上海市重点工程的嘉金高速，实为BOT项目。就在上海路桥转让当年，张荣坤借道上海工投，实际控制了新建项目嘉金高速。按2002年9月18日上海市政工程管理局对嘉金高速公路发展有限公司成立的批文，公司注册资本为12亿元，其中上工投、上工新创、南京禧福的出资为4∶3∶3。其貌似国有控股民营参股，但上工新创为张氏控股，嘉金高速从开始便掌握在张荣坤手中。

截至2006年2月9日(最后一次工商变更)，嘉金高速注册资本增至14.72亿元，其中，南京禧福维持6000万元，占4.08%；福禧投资续增至14.12亿元，占95.92%。

BOT模式的嘉金高速一旦到手，张荣坤迅速打开了大规模银行贷款的通道。2003年，嘉金高速获工行17亿元短贷，次年转为27亿元长贷，张氏对外投资的大幕就此拉开。

对深谙此道者而言，新建高速公路项目非但可以获得承建利润，更关键的则是撬动巨额银行贷款。在多达数年的建设周期中，操盘者可巨额虚增在建工程及库存，套出建设资金实现对外投资。

相比其他权贵资本，张荣坤更有银行贷款和社保资金一明一暗两条融资渠道，杠杆率大为提高。收购上海路桥之初，由于公路经营权已抵押于工行，张荣坤只能以公司股权抵押拆借上海社保资金。据上海社保局当时一份风险报告认为，这种股权抵押模式存在权益不被认定、保证责任无法落实的风险，但祝均一仍为张荣坤大开绿灯。

经法院认定判决，祝均一收受的166万余元贿赂中，有131万余元来自张荣坤，其中多数是通过妻女以财物方式获得。

通过上海社保资金隐形融资，张荣坤还得以隐瞒公司负债水平，此次其被指控欺诈发行债券罪，便肇因于此。

2003年之后，张荣坤从两条高速公路项目挪出短期资金，购买资产后再向社保抵押，资产规模如雪球般滚大。公司总资产由2002年的40.2亿元增至2006年6月底的136.22亿元，净资产也由12.47亿元增至53.13亿元。

至案发时，“福禧系”公司对工行上海分行的贷款，贷款余额为61.34亿元，分别源自嘉金高速的27亿元长贷、路桥转让时承接的20亿元长贷，以及多年累增的10多亿元短贷。对上海社保的贷款，也累积至34.5亿元。

三年间的高速扩张中，“福禧系”对外投资分布于金融、地产、基础设施及上市公司私募投资。其中包括：投资约4亿元持有中国财产再保险股份有限公司和中国人寿再保险股份有限公司等四家关联机构的股权；购入华安基金20%股权；对家乡苏州投资近9亿元，购买沪嘉杭高速20%股权和城区两幅土地；此外，还在北京、上海各买了约1亿元房产。

张荣坤收益最大的一笔对外投资，当数上海电气赴港上市前的私募入股。在这场交易中，密友韩国璋发挥了重大作用。

老朋友，新交易

有早年官商密友韩国璋、王成明们的主动逢迎，上海电气案使张氏账面获益10多亿元，付出贿金27万元

上海电气(集团)总公司(下称“电气集团”)，是国内最大的装备制造业企业集团，也是上海最大的市属国资企业，2005年销售收入达到604.9亿元。2004年改制香港上市的上海电气(集团)股份有限公司(即上海电气，香港交易所代码：2727)，则集中了电气集团核心资产，2005年销售收入为344亿元。

2004年上海电气改制时，张荣坤早年密友韩国璋已出任电气集团副总裁。集团董事长王成明也是张的老相识。2000年，张荣坤曾以旗下同创企业公司，代上海广电(集团)有限公司从旗下上市公司广电信息(上海交易所代码：600637)买入持有800万股浦发银行法人股，此时，王成明即任广电信息董事长。

2004年9月，福禧投资出资10亿元，持股10.54%，成为第二大股东，上市后股份摊薄至8.15%，张荣坤亦出任上海电气副董事长。据韩国璋事后交代，张荣坤所出资金，有9.1亿元来自上海电气方面的借款。

2005年4月28日，上海电气登陆香港H股市场。以上市时股价计算，张荣坤手上股权已升值至15.8亿—16.7亿元人民币，至社保案发时，这笔股权的市值更高达25亿元以上。

针对张荣坤的起诉书还透露，2005年间，上海电气集团总公司旗下上海集优机械股份有限公司(香港交易所代码：2345，下称“上海集优”)赴港上市时，张荣坤通过下属蒋位、张军注册东英集团有限公司、贝克科技有限公司、新诚国际有限公司，参与上海集优IPO配售获利。张荣坤从上海电气拆借资金数千万元，在香港炒股赚得1.38亿港元。

检方指控，就借款炒作上海集优事宜，张荣坤向王成明、韩国璋、上海电气原财务总监徐伟、上海电气资产管理有限公司投资管理部原副部长程彦敏共计行贿27.52万元。

在张荣坤高达3000万元的贿金中，区区27万元较之其十余亿元盈利几乎微不足道。接近案情的人士透露，在此过程中，王成明、韩国璋等人，因知晓以“公路大王”身份亮相商场的张荣坤早已今非昔比，背景日深，遂主动逢迎，故在当时既有伙同张荣坤入股华安基金股份之举，亦有安排张从上海电气上市中获利之行。在对华安基金的收购中，王成明和上工投的王国雄，均为张荣坤和沸点投资的一致行动人。

王成明最终以贪污罪和受贿罪被判死缓，不过他被认定受贿总额21万元，仅6万元来自张荣坤；而韩国璋所得610多万元贿款，有375万元来自张荣坤。

罪与罚

张氏被控五宗罪名均非重罪

经历2003年到2005年的高速扩张后，社保、银行双向融资已近百亿元的“福禧系”仍感资金压力。

2006年3月6日，福禧投资在银行间市场发行10亿元一年期短融券，发行利率为3.6%。这是国内首只由民营企业发行的短融券，一度受到基金追捧。

一种分析认为，此时的嘉金高速因建设资金失血过多，工程进展缓慢，原本预计2005年底竣工已无法实现。张荣坤就此筹划了第三种融资模式。亦有人士称，张氏坐庄海欣股份数年，2005年随资本市场进入最低谷，已有

10亿元账面亏损需要填补。

无论如何，上海社保案在2006年7月案发，直接导致福禧短融券风险剧增。当年8月21日，该债券的信用评级被上海远东资信评估公司由A-1降为C级，成为中国第一只“垃圾债券”。

彼时，“福禧系”主要资产已遭法院冻结，10亿元短融券投资者面对偿付风险。这也被业内人士普遍看作是中国债券市场有史以来的第一次信用危机。

据此次检方指控，张荣坤及福禧投资投资总监张军、董事兼运营总监王永德等，“向中介提供了虚拟的2002—2004年三个年度的审计报告，虚增9亿元资本公积金和2005年上半年的报告，隐瞒了福禧投资向上海年金中心借贷30多亿元和上海禧天酒店向上海工业投资实业公司借贷4.5亿元股权质押的情况”，由此涉嫌欺诈发行债券罪。

2007年3月7日，在各方配合下，主承销商工商银行公告称，福禧融资券如期足额兑付了全部本息，其资金来源则未公开披露。

据《财经》记者了解，2006年12月，配合调查的张樱恢复自由，由其主导出售了公司名下苏州的高速公路股权以及其他资产，偿还了10亿元短融券本息。资产售价较原购入价格均无多少溢价。

社保案发至今，各方消息显示，张荣坤名下资产已近乎清理完毕，但交易细节如司法审判一般秘而不宣。比如，上海路桥和嘉金高速两条公路股权据称已折抵社保基金借款，上海电气和中再子公司股权已由电气集团和中再集团各自平价回购。

在百亿元权贵资本的光环倏忽褪色之后，本是一介草民的张荣坤正在等待他的罪罚。上海社保案审判接近终局，已产生一个死缓判决，三个无期徒刑判决，被判处十年以上有期徒刑的权贵十余人。不过，接近案件的法律人士称，张氏被控五宗罪名均非重罪，其最终量刑与一干受贿官员动辄无期、死缓的重典，或不可同日而语。

2006年夏上海社保案发，一朝而成的百亿元“福禧帝国”一夜倾覆。纵是身经百战的刑辩律师亦感叹，这名年仅34岁的资本新贵，18岁出道直至身陷囹圄，15年间过山车般的人生体验，非常人所能揣度。在这场官商勾结的大戏中扮演枢纽角色，对原本太湖之滨寻常出身的“小苏州”而言，究竟是幸运还是不幸？张荣坤现在一定已经有了答案。

（《财经》2008年第001期　2008年1月7日出版）

臧天朔涉黑门

一个“江湖大佬”的倒下

□《南方都市报》 上官敫铭

“一个江湖大佬的倒下，对娱乐圈来说是个警讯，对公众来说是一件幸事。但这显然不够。怎样去消化这种隐秘化、地下化的江湖社会，建立公平、公正、充满阳光的法治社会，还需整体思考和各方努力的标本兼治。”——一评论者

“朋友啊，朋友，你可曾想起了我……”很多人想起歌手臧天朔的时候，他已经被捕了。

北京市公安局新闻发言人办公室的消息证实，臧天朔于9月28日被检察院批准逮捕，涉嫌罪名是聚众斗殴。据知，臧与一个犯有多起案件的团伙有瓜葛。

8月28日，臧天朔从朝阳区的住处走出，准备驾驶悍马越野车外出修理。彼时，多名便衣警察上前将其围住，在亮明身份并简短对话后，臧天朔被带走。

臧天朔的妻子曾以为丈夫失踪而报案，得知是被警方带走后取消了报警。

如今，臧天朔被羁押在北京东城看守所，案件已经进入司法程序。从警方传出的消息称，该案件涉案人员达20多人，臧天朔与这些人发生在北京的多起聚众斗殴或有关联。

北京市检察院的消息称，最早在2009年初，臧天朔所涉案件将开庭审理。

5年前的命案

挂北京牌照的多辆"金杯车"冲下近百人，朝廊坊火车站旁的"热浪"迪吧砍杀过去

臧天朔被抓，与一起发生在5年前的命案相关。

今年7月下旬，警方在黑龙江抓获一名叫吕常春的犯罪嫌疑人，在讯问中，其交代了在北京有一个经常参与斗殴等非法活动的团伙，该团伙与歌手臧天朔有关。

据知，案情被上报公安部，公安部将此案批转北京市公安局。在调查取证近2个月之后，警方对臧天朔采取了行动。

命案发生在距北京车程约40分钟的河北省廊坊市，时间是2003年6月21日凌晨。

据多名目击者称，彼时，挂北京牌照的多辆"金杯车"冲下近百人，朝廊坊火车站旁的"热浪"迪吧砍杀过去。"热浪"一方的几十号人马，也手持棒球棍、钢管等物迎战。

顿时，棍棒相击声、玻璃破碎声及被砍伤者的哀号划破了夜空。

械斗打砸10多分钟过后，打手们很快驱车离去。"热浪"多名保安被砍伤。

"热浪"的人被砍杀、迪吧被砸之后，老板孙宝和找到了京城某报，希望媒体将此事公之于众。在举报材料上，现场满地的碎玻璃、血迹、被砍刀砍伤的人腿……让接到线报的京城媒体记者震惊。

此次械斗的缘起，源于"朋友"迪吧与"热浪"迪吧的纠纷。

2002年10月，臧天朔与孙宝和在廊坊合股开了一间名为"朋友"的迪吧。臧天朔占三成股份。

迪吧装修完毕准备营业时，臧与孙因装修引发的纠纷及财务权等问题发生摩擦，孙因此将股权转让给臧天朔。

半年之后，孙宝和在附近开张"热浪"迪吧。

2003年6月20日，在"热浪"试营业第三天，孙因讨要股权转让余款20万元而与"朋友"迪吧总经理吕常春发生冲突。

据河北省廊坊市广阳区人民法院刑事附带民事判决书显示，当晚9时许，孙宝和带10多名手下来到"朋友"迪吧索要股份转让余款；随后，双方口角。在孙宝和与"朋友"迪吧总经理吕常春的通话中，双方互骂并约定再纠集人马进行较量。

3个小时过后，吕常春纠集的百余人砍杀向“热浪”迪吧，双方发生激烈械斗。6月25日，在械斗中受伤的“热浪”迪吧保安孟龙经抢救无效死亡。

据当时调查该事件的京城记者向南都记者称，砸“热浪”场子一方的打手或跟歌手臧天朔有关。然而，案件发生后，臧天朔被警方传唤，但当时并没有证据证明其与此事有关。

京城某媒体的报道事后被臧天朔疏通管道压下，“朋友”迪吧总经理吕常春在命案发生后去向不明。

酒吧里的江湖

前两家酒吧最终关张。廊坊“朋友”迪吧是臧天朔的第三间酒吧，如今依然正常营业

歌手臧天朔的另一个身份，是酒吧老板。河北廊坊的“朋友”迪吧，是其名下的第三间酒吧。

1999年，臧天朔的第一家酒吧“朋友酒吧”在北京开张。彼时，臧天朔称，开酒吧的想法很简单，只是想安置自己的音响设备，让朋友们“聊音乐，喝酒”。

一年后，酒吧据称因亏本及店面租约到期而关张。

2001年，臧天朔又开了第二家酒吧：有戏。其门口竖立的大标志是一把10多米高的吉他，臧天朔对此曾十分得意，称有人打算将此申报吉尼斯世界纪录。

“这个咱们自己的地方，咱自己说了算。”人面广的臧天朔对很多来酒吧喝酒的朋友“不好意思收钱”。酒吧没经营多少时日，后因无法支撑租金且该地段面临拆迁而关门。

“我最初喜欢投资餐饮业和酒吧，原以为这行的好处是‘投资小，收钱快’，还可以为自己创造吃喝玩乐的小天地。”但前两家酒吧最终以关张告终。

2002年8月，廊坊北京女人街（即如今的第四大街）开业，臧天朔被聘为形象大使。臧天朔的第三间酒吧，不久便在此开张。

2003年，命案发生之后，臧重新物色酒吧的经营人员——“除了要用名气聚人气之外，还要请懂经营、会管理的人来，才能保证生意的长久”，臧说。

与前两间酒吧不同，“朋友”迪吧开始盈利，如今依然正常营业。

与臧天朔有关的第四间酒吧在南京。2007年3月，臧天朔入股已开业近

半年的南京立煌酒吧，并担任名誉董事长和音乐总监。

2007年11月，臧天朔在立煌酒吧举行“这个夜很温暖”的慈善活动，并把当晚酒吧营业收入3万元捐给南京玄武区慈善协会。此事一度传为美谈。

臧天朔曾说，廊坊和南京的两家新店生意不错，他还打算把酒吧蓝图扩展到更多的地区，“哪儿有钱我就把酒吧开在哪儿”。

然而，臧天朔也曾坦陈酒吧的生意不好干，“实际上这几年当中，我的心里边一直老提着心，总怕发生什么事情”。

多面臧天朔

从“小臧”到“臧哥”，到新人口中的“臧爷”，臧天朔被认为是北京音乐圈中人面最广的人

1964年生于北京的臧天朔，外形粗犷。他自称是个“糙老爷们儿”，肥胖、其貌不扬是臧给人的第一印象。

20世纪80年代，臧天朔以“玩摇滚”起家，曾与多个摇滚乐队合作并组建过自己的乐队。

在其成名曲《朋友》未被传唱前，臧天朔被圈内人称为“小臧”——在摇滚歌手崔健的乐队中，臧曾担任过键盘手。

20世纪90年代，臧天朔的《朋友》开始被人传唱，这首歌后来成为臧的保留曲目。坊间有人称，“有臧天朔处，就有‘朋友’”——除了臧几乎在各种演出活动大都会演唱《朋友》外，为人豪爽的他也凭着这首歌而出名，并结交了各路朋友。“小臧”，逐渐被人们称为“臧哥”。

臧天朔仗义疏财，这是其成名后给人的印象之一。除了参加商业演出外，在各种义演的场合，也能看到臧的身影。

1998年初，河北省张北县发生地震。当年除夕，臧天朔奔赴张北地震灾区为灾民和救灾官兵义演，并当场捐献衣物。当年，洪水肆虐中国多个省份，在8月至9月间，臧也参加了各地的抗洪赈灾义演。

据西安媒体报道，2003年秋天，臧天朔在西安演出时，还委托当地媒体将2万元捐赠给渭南洪水灾区。

在被拘捕前，臧天朔的身影也出现在多个慈善活动上。

今年1月初，在一个资助贫寒学子回家过年的启动仪式上，臧当场捐助现金1万元。汶川地震发生之后，臧天朔也参加了多个慰问演出并捐款；此外，亦为《孩子，别哭》作曲、演唱，为灾区儿童鼓劲。

"我总觉得做善事能使人快乐。"臧天朔曾如是说。

对陌生人是善举，对朋友则是"讲义气"。在北京音乐圈中，臧天朔被认为是人面最广的人。

坊间一个流传的说法是，摇滚歌手窦唯在2007年发生"烧车事件"后，之所以能获得轻判，全是仰仗了臧天朔在背后活动。臧天朔曾否认过这个说法，但并未能消除坊间对此事的议论。

今年年初，臧天朔乐队一名成员的妻子被绑架。不久，警方抓获3名犯罪嫌疑人，臧闻知此事后，亲自将自己的单曲送给民警以示感谢。

与很多音乐圈的歌手会传出绯闻一样，臧天朔与曾在其乐队担任贝司手的斯琴格日乐维持了一段近三年的"恋情"。这段"恋情"后因种种原因导致二人分道扬镳。

2003年，臧天朔推出《我就是这个模样》后，近年来没有再推出新专辑，其名下的北京有戏传媒文化有限公司，近年间签约了几名乐坛新人。在新人口中，臧天朔成了"臧爷"。

臧天朔喜欢吉普车，其坐骑是一辆悍马。喜欢的动物是藏獒。据知，在9月份警察调查臧天朔案件时，其豢养的藏獒曾将警察咬伤。

去年，炮轰《同一首歌》及在某次演出现场怒斥主持人，被外界作为臧脾气火暴的例证。据其身边的人称，臧酗酒之后还会打人。

值得一提的是，臧在20世纪90年代开始信奉佛教。有媒体公布臧天朔拍于2000年前后的礼佛照，身穿黑色居士袍双手合十的臧一脸虔诚。

"朋友"吕常春

北京警方消息表明，吕潜逃回北京后，藏匿在臧天朔提供的居所中。彼时，吕常春已被警方通缉

据一名与臧天朔打过多次交道的记者称，人面广的臧天朔身边，有些人"成分复杂"。

开酒吧，都会雇佣保安看场子，臧天朔的酒吧亦不例外。

臧天朔与孙宝和合伙在廊坊开的"朋友"迪吧，看场子的是一帮东北人，总经理吕常春来自吉林。

臧天朔如何与吕常春认识并成为"朋友"，目前细节并不可知。但从警方披露的信息得知，吕常春在担任臧天朔"朋友"迪吧总经理前，已涉案多起。

据知，吕常春通常使用化名"常青"，曾出现在多起械斗当中。北京电

视台《法制进行时》披露：

2001年12月15日，常青帮助他人组织多人戴白手套手持棍棒到通州一工地与40多人互殴。

2002年4月28日，常青为了争夺一个卸沙土场地，曾在朝阳区垡头地区一工地与对方群殴；据称，还有人当众鸣枪。

2002年12月末，廊坊“朋友”迪吧准备投入营业；然而，臧天朔和孙宝和很快便因财务等问题产生矛盾。半年过后，退出“朋友”迪吧的孙宝和也在廊坊火车站另立新店“热浪”酒吧。

2003年6月21日，吕常春带领的人马与“热浪”酒吧的人发生械斗。臧天朔当年接受廊坊警方的传唤笔录显示，在发生械斗前一晚，吕常春曾带领十余名保安到臧天朔一朋友的酒吧帮忙。

臧天朔的一位朋友近期在接受媒体采访时称，廊坊的斗殴臧天朔事先并不知道，而吕常春“消失”后也没有人知道他的消息。这名朋友还猜测，“（吕常春）被警察抓到了，就咬着臧哥推卸责任呢”。

然而，北京警方消息表明，吕潜逃回北京后，藏匿在臧天朔提供的居所中。彼时，吕常春已被警方通缉。

风声过后，吕常春“人间蒸发”，其办理了假身份证，化名河南籍人“张伟义”。在北京朝阳区王四营一带活动时，再次启用了原来的称呼“常青”。据警方消息，吕很快干起了原来的行当，充当打手、帮人讨债等。2007年，吕曾以8万元的价格强买下一辆价值30多万元的奥迪轿车。

2008年6月初，“常青”在朝阳区王四营乡的恶行被人举报给北京市警方。闻讯之后，“常青”潜逃东北。

7月29日，警方在黑龙江省牡丹江市将“常青”抓获——在核实其就是5年前警方通缉的吕常春后，其“朋友”臧天朔所涉案件由此浮出水面。

从臧天朔朋友张俊以处传出，臧天朔在看守所写给妻子的信称：我所知其他大案要案已经被我检举揭发，我争取立功并得到宽大处理。

偶像们的黄昏？

有人称涉案明星们是娱乐圈江湖中的“精神游民”，一有机会就赤裸裸地张扬人性中丑恶的一面

臧天朔被捕之后，拘押在北京东城看守所。

据张俊以传出的消息称，臧走进看守所后，是光着身子进了监舍。狱友

们看到臧天朔，除了大呼“歌星来了”，还拿出自己的衣服给臧天朔穿。

如今，臧天朔的生活是每天和其他在押人员一起学习改造行为规范和看守所各项管理规定，打扫为生，静坐反思。

臧天朔被确认批捕后，其圈中朋友多有表态。

歌手尹相杰称其“仗义磊落”，歌手常宽希望媒体和公众对臧“采取宽容的心态”。才离开监狱不久的张俊以则说，“朋友之间有难同当”，“即使他判了极刑，他还是我的朋友”。

自称与臧有交往的网民“张怀旧”则撰文称：人在江湖飘，没有不挨刀。艺术家也好，黑帮老大也好，那些都是别人冠予的名号，艺术家也有七情六欲，黑帮之中也有无数正直的人……

曾与臧天朔传出“恋情”的歌手斯琴格日乐在博客中说道，“学会视而不见，我可以做到”。

与臧天朔昔日朋友力挺或宽容臧有所不同，更多的人也开始进行反思。

近年来，从谢东张元涉毒、窦唯烧车、童孔杀人，到如今的臧天朔涉黑案，接二连三的丑闻，使得内地演艺圈的公众形象日渐下降。在一位署名“陈方”的评论作者眼中，这些涉案明星是娱乐圈江湖中的“精神游民”——在他们华丽外表包裹着的内心世界，其实已经失去了主流社会的角色定位，他们放弃了文明社会为自身涂上的亮色，一有机会就赤裸裸地张扬人性中丑恶的一面，“猥亵门”如此，“吸毒门”如此，“艳照门”如此，“涉恶门”如此……

而署名“钟海之”的评论者则认为：

一个江湖大佬的倒下，对娱乐圈来说是个警讯，对公众来说是一件幸事，但这显然不够。怎样去消化这种隐秘化、地下化的江湖社会，建立公平、公正、充满阳光的法治社会，还需整体思考和各方努力的标本兼治。

信奉佛教的臧天朔曾说：我特别相信佛给我带来的那股力量，这力量一点儿都不被动、消极，而是非常积极、强大的，它能帮助我识别假、恶、丑并与其进行斗争……去年，臧天朔等带头签署了《中国演艺人社会责任自律宣言》，签署时，臧直言“认真阅读了内容”。

臧天朔被捕时，儿子才两个月大。从张俊以处传出的臧的家书中，臧称：假如我判了重刑真的回不来了，求爱妻您一定帮我把儿子带大，把咱儿子培养成一个善良、正直、真诚的人。

而其妻也通过媒体称：我一定会把咱们的孩子带好，不管多苦多难，我的爱都会和你在一起。

“……

有血也有肉

有刀也有枪

有血也有肉

就是我的好模样

非常的健康

……”

臧天朔在《我就是这个模样》中曾如此嘶吼。而很多网友对臧天朔涉黑案留言尖刻，他们引用了香港电影《无间道》中的经典台词：

出来混，迟早是要还的。

（《南方都市报》 2008年11月16日）

生存调查

颍上“教父”张家顺

□《南方周末》 柴会群

■他是阜阳“白宫书记”张治安的父亲，他是“颍上张家”的缔造者和操盘手，他就是张家官员的官场“教父”

自从儿子张治安于6月5日被调查组从办公室带走之后，73岁的张家顺便开始茶饭不思，夜不能寐，本已下降的听力越发不济。他经常一个人驾车来到小张庄的别墅，在空荡荡的院落抽烟沉思。“我们家就像遭了地震”，他说。“我们家”，被熟悉阜阳官场的人称为“颍上张家”。这个因阜阳“白宫书记”张治安而开始为外界知晓的家族，赖以发达的核心人物实为张治安的父亲，颍上县原人大常委会主任张家顺。

在张家顺由生产队长，到谢桥镇党委书记，再到颍上县人大常委会主任的二十余年仕途中，张氏家族相继有十余人担任公职，绝大部分为当地干部：弟弟张家旺于颍上县县委副书记任上退休，大侄子张志刚现任县城建局局长，二侄子张志勇现任县委办主任；大女儿现任县教委人事科副主任，大女婿现任县地税局局长；二女儿现任县法院副院长，二女婿原任临泉县副县长。其中仕途最顺，堪称张家第二代代表，也最为张家顺寄托延续家族兴旺重任的，正是阜阳市颍泉区原区委书记张治安。

正是张家顺将儿子张治安带入官场并悉心培养，对整个张氏家族来说，张家顺领头开拓于前，而又隐身掌控于后，堪称张家官场“教父”。张家顺由一介农民官至县人大常委会主任，其仕途经营之道给了张家怎样的示范？在张治安乃至整个张氏家族官员群体身上，又有着怎样的张家顺式的痕迹？

现在，最被寄予厚望的“第二代代表”张治安仕途终结，张家“地震”，这名颍上县的传奇人物，开始回顾自己的一生，并后悔让儿子走上从政之路。

张家官场谱系

1994年，当了9年镇党委书记的张家顺，任颍上县人大常委会主任。至此，张家顺由一名没上过一天学的农民到达个人仕途顶点。

在张家顺从政经历中可以看出，他的每一次升迁，似乎均能惠及家人。比如，他当小张庄大队书记之后，曾经当教师的弟弟张家旺当上了小张庄生产队长；在其当上张庄公社书记后，张家旺则当小张庄大队书记；他在任谢桥镇党委书记时，儿子张治安先后任谢桥乡武装部长和乡长，弟弟张家旺则任张庄乡长和党委书记。

在张家顺的履历表上，曾出现“第一书记”的字样。这是颍上县给张家兄弟特别设立的一个职务。张家顺在1994年担任县委副书记后，一度任谢桥镇的“第一书记”，直到曾任镇长的张治安顺利接班，当选为镇委书记，他才不兼任“第一书记”一职。

弟弟张家旺与其次子张志勇，也延续了“子承父业”的现象。张家旺于1989年至1993年间，任颍上县八里河区(镇)党委书记，而张志勇则于1996年至1997年任该镇党委书记。与哥哥张家顺有所不同，即使在儿子张志勇担任党委书记之后，张家旺仍兼任八里河乡的第一书记。

张家旺长子张志刚，1992年即任汤店乡乡长，年仅23岁，是全县最年轻的正科级干部。他的岳父，是颍上县的前副县长。

张氏家族后代中，张治安是唯一一个离开颍上到外地做官者。他于1998年从颍上县副县长位置调任颍泉区区长。虽属升迁，但据张家顺说，当时父子二人均不情愿。

张治安的二弟自小一直在学业上寻求发展，后在中国科技大学获硕士学位，在本校任教，从而脱离颍上官场。不过，他对家族的作用亦被认为不可忽视。其岳父是安徽省旅游局前领导。

张治安不再担任谢桥镇党委书记之后，经县委特批，退休的张家顺重新担任谢桥镇党委书记，又反过来接了儿子的班。在此之前，老书记多次在干部大会上声称：就是咳着咳着尿了也得干(意思是不管身体如何虚弱，都不会离开书记岗位)。

据称，在为何提携亲人的问题上，张家顺曾在一次全县干部会议上袒露心迹：我张家顺干了不少事，也得罪了不少人。我不提拔自己的家人，将来退休了还不有人把我活剥了么？我张家顺也是人，也有私心。此话一出，台下响起掌声。一位干部说，张家顺是他见过的第一位敢在台上承认自己有私心的县领导。

发迹小张庄

张家顺的仕途始于一块麦田，又兴旺于一个公园。

1973年4月，安徽省阜阳地区原革委会一领导携秘书乘吉普车下乡视察，车行至颍上县龚集公社小张庄时，忽然发现一块长势明显好过周边的麦地。车子停下，领导让秘书将生产队长喊来。

简单攀谈之后，领导认为发现了一个典型。后来路过颍上县城时，将这一发现告知县上负责人，称小张庄的经验值得总结。于是，登报、广播，下文件，小张庄生产队队长张家顺，成为全地区学习的模范。他也顺理成章地成为大队书记、公社书记。

张家顺幼年家贫，没上过一天学，要过饭，炸过米散子，当过“牛经纪”。不过，这个农民脑子好、主意多却远近闻名。《全球五百佳与张氏兄弟》（以下简称《五百佳》）一书中，曾如此描述张家顺：“对政治敏锐的预见性让许多上级领导也感到惊诧”且“爆炸性新闻是他的拿手好戏”。

1979年，张家顺成为全国劳动模范，并受到一位国务院副总理的接见。据说，副总理曾经问过他一个问题：张家顺，你说什么叫社会主义？张家顺想了一会说道：我认为社会主义就是让老百姓吃好、住好、穿好、玩好、劳动好。副总理听完大笑，表示赞成。

20世纪70年代后期吃住已不成问题，张家顺遂将精力花在怎样让老百姓“玩好”上。他忽发奇想，平地堆山，并以此建起了小张庄公园。1991年，在各级领导关心帮助下，小张庄喜获联合国环保“全球五百佳”称号，各级领导纷至沓来，媒体纷纷报道，张家顺和小张庄，由此走向辉煌。

仕途发达于公园工程，张家顺的这一奇想偶得，对张家后来的官员们影响至深，纵览张家官员的执政之道，大型工程比比皆是，公园，广场，纪念碑，几乎成了张家官员的标志。而张治安成为了“张氏工程”的集大成者，在颍泉区，他留下了包括“白宫”在内的五大工程。

1983年，张家顺由农民身份转为国家干部，次年即任新成立的谢桥镇党委书记。1988年，张当选为全国人大代表。1993年再次当选。次年，他成为颍上县县委副书记和县人大常委会主任。

继张家顺之后，弟弟张家旺、女儿张志侠、侄儿张志刚和张志勇等人，也相继步入颍上政坛。而儿子张治安在从部队退伍后，由张家顺运作进入阜阳行政干校学习，又被送到合肥学习建筑设计，张家顺的厚望可见一斑；之后张治安也正是从父亲执掌的谢桥镇开始了为官之路。一个声名显赫的官场家族就此兴起于阜阳颍上县。

从“亲民张青天”到“铁腕张书记”

小张庄虽然带一“张”字，但当年村里只有张家顺兄弟二人姓张，由于势单力薄，常受村里大姓欺负。这一状况，一直到张家顺当了生产队长后方才改变。“翻身”之后的张家顺，每逢春节，专挑穷户和困难户家去拜年，到了门口放一串鞭炮，意思是我张家顺来过了，这样便保这户人家一年不受欺负。为此，张家顺在民间曾博得“张青天”之名。1983年，张家顺获得了县里为数不多的一个干部指标，吃上了商品粮。当时谢桥刚开始采煤，因为占用农民耕地，补偿又不到位，矿上与村民关系紧张，偷盗物资现象严重。为治理矿区环境，颍上县新成立谢桥镇，名声在外的张家顺被任命为镇委书记。

上任后，张家顺做的第一件事，就是组织镇上退休的老干部旅游。旅游回来后，乘老干部们高兴，不识字的张家顺拿出纸笔，让大家为谢桥镇的发展献计献策。

据《五百佳》中记载，张家顺当年带领小张庄人外出旅游时，曾专门带一群孩子到合肥飞机场看飞机，由于机场不让进，他转到一处无人看守的铁丝网旁，让司机停下来。问孩子们：飞机好看么？好看。想不想进去看看？想。我喊一二三，你们一起钻。随着张家顺一声令下，孩子们呼叫着一窝蜂似的拥进机场。机场值勤人员为此大惊。张家顺则被关了两个小时禁闭。

之后，张家顺开始着力治理煤矿偷盗。他在全镇召开大会，宣布所有偷过矿上东西的村民，只要老实交出来，啥事没有。如果不交，就是跟张家顺过不去。

张家顺发话之后，村民们纷纷上交所盗物品，最后装了两卡车，由张家顺亲自送到矿上。矿上领导感激之余，问张家顺需要什么，张家顺回答说要煤。回来后，张家顺又将矿上给的煤分给当地百姓。经此处理，煤矿与当地百姓关系渐趋缓和。矿上为表示感谢，奖励张家顺一辆奥迪车。

然而，十几年后，从县人大常委会主任位置退休的张家顺再度任谢桥镇党委书记时，当地村民却和谢桥煤矿发生了严重冲突，矿上的围墙被推倒，办公室被砸。张家顺正是在此事件发生后不久遭遇免职挫折。

脾气不好是当地人对张家顺的普遍评价。一位谢桥镇老干部戏言，当年镇上没有被张书记骂过的干部少之又少。张家顺打人在谢桥也多有传言。

赌咒发誓被认为是张家顺执政的一大特色。《五百佳》写道，张家顺刚上任小张庄大队支部书记时，第一件事就是带领全体大队干部赌咒表态。“要是做不到，就是黑驴将(生)的。”

张家顺平生最痛恨两件事，一是赌博，二是不孝。据他介绍，为了治赌，他有一次将抓住的赌徒用绳子从袖口串起来，让其中一个手拿铜锣到各个村转，敲一下，喊一句：“我赌博，我不要脸。”

在担任县领导期间，张家顺曾以“不孝顺”为由反对一名干部的晋升。理由是连自己父亲都不孝顺的人，怎么可能为老百姓办好事？

张家顺曾多次向人讲到这样一件事：有一次乘车路上，前面一小青年骑车不扶把，张家顺鸣了几声喇叭之后，见仍不让开，张家顺遂让司机追上，问青年是什么人，对方回答说某县副县长的侄子。张家顺听完没多讲，让司机把车把卸掉，将自行车扔在了沟里。他的理由是：你不是不扶车把么？我就给你卸掉。

对此事张家顺并不讳言，他认为，对爱要横的人一定要灭灭其威风。不过经过媒体报道后，这事却成为张家顺教育青年注意交通安全的生动事例。

张氏工程：小张庄模式

1977年，大队书记张家顺在小张庄做了一件前无古人的事情：在平地上用人力堆一座山。这座土山高37米，至今仍矗立在张家顺一手打造的小张庄公园内，名曰望富山。

为堆望富山，小张庄村民被强制出工。后期堆高后，许多人不愿再干，张家顺想出办法，在山顶上放上糖果、纸烟。背一袋土上去，女人可以拿一块糖下来，男人可以抽一支烟。

在望富山基础之上，张家顺又修建了小张庄公园，并引进了各种动物，成为远近闻名的农民公园。张家顺也由此声名鹊起，被媒体誉为“当代愚公”。望富山堆好后的第二年，张家顺成为全国劳动模范。数年后，小张庄渐成为一种模式，被张氏家族所效仿，只是投资和规模已经不可同日而语。

张家顺的弟弟张家旺，在八里河执政期间，兴建了占地数千亩的南湖公园。南湖公园兴建时，张家顺亦亲自参与，“每三天就要去一趟”。靠全乡“义务工”人背肩扛，历时三年，公园最终建成，被称为“天下第一农民公园”。

南湖公园建成之后，模仿小张庄公园的纪念碑，竖“人民丰碑”一座，碑文记载了书记张家旺率民众战天斗地、艰苦创业的过程。丰碑正面是一领导人的题词，但落款却被涂掉。南方周末记者获悉，题词者系原阜阳地委书记和安徽省委副书记王昭耀，2007年，此人因受贿罪被判死缓。

对外宣传中，八里河亦称获“全球五百佳”称号，但张家顺对南方周末记者纠正说，它其实只是报上去，但联合国最后并没有批。

南湖公园建成之初，因地处偏僻，游客稀少，每当有上级领导视察时，当地村民便被通知去公园免费参观，以壮声势。

张家旺的治乡风格也同哥哥张家顺如出一辙。据《八里河镇志》记载，张家旺在八里河曾制定《乡规民约》，其中写道：抓住偷鱼的，脖子上挂着偷来的鱼，由湖管队员押着“游乡”，让偷鱼者没脸见人。经过一番治理之后，八里河再无人偷鱼，据说连掉在地上的死鱼也没人敢捡。此外，《五百佳》中还写到这样一件事：有农民的羊啃了乡里的树，张家旺接报立即召开干部现场会，让羊主当场把羊杀掉，提着羊皮挨村宣传爱护树木。

1992年11月，张家旺因“政绩突出”，升任颍上县副县长，分管政法。他也效法其兄，长期兼任八里河“第一书记”。

张家旺的儿子张志刚，在担任汤店镇党委书记期间，效法父辈，修建了迪沟生态园。和小张庄公园、南湖公园一样，园中也养了众多动物。此外还经上级部门批准，建寺庙一座，取名“竹音寺”。据《周末》报报道，生态园建设资金中的一部分，来自矿区给当地农民的补偿款。

而在此之前，在南湖公园，张家旺就曾修寺庙一座，取名为“白雀寺”，此外园中假山上立起一个巨大的观音菩萨塑像。并通过当地典故证明，当地传说中的“妙三姐”，即为观世音菩萨前身。

在弟弟和侄子先后盖起两座庙之后，张家顺似感落后，遂于2002年启动小张庄公园的“三大工程”。其中之一就是斥资300余万元修建一个高达20米的大佛和一座名为“华严寺”的寺庙。遗憾的是，盖成之后，至今未获主管部门批准。

至此，长年为国家级贫困县的颍上县，有了三个公园和三座庙。

张家旺次子张志勇则在任江店孜镇镇长时修建了欧式风格的镇政府广场。和堂兄张治安的生态园一样，广场上亦立有数根“罗马柱”。此外，张家顺的二女婿姜辉，亦在其主政过的南昭镇留下一个大型广场。

颍上张家的颓势？

张氏家族在建设上的“大手笔”，被当地官员戏称为“祖传”。而这些工程也皆成为张家人的政绩，并因此获得了升迁。此间虽偶有风波，但均安然度过。只有张治安一人，因“白宫”事件倒下。

在颍上县原县委书记张华琪受贿案中，张志刚、张志勇兄弟被查明曾向其分别行贿。和张治安一样，二人亦并未因此事被追究。

张志刚现任颍上县建设局局长兼工业园区书记，负责城北新区的开发建设。张志勇则任颍上县县委办主任。两人均居要职。

综观张家顺从政经历，似乎一直存有小张庄情结。他当上大队书记后，大队更名为小张庄大队，任公社书记后，公社又更名为张庄公社。据说，他任谢桥镇党委书记期间，曾努力将谢桥镇改名为张庄镇。但最终未能成功。他所能做的，就是为小张庄修了路，盖了别墅，搞好绿化，并将镇政府所在地设在了小张庄边上。

不过，并不是所有小张庄人都在感恩张家顺。小张庄无甚企业，多年来，村里人由于要维护公园和绿化，被村里要求不得外出打工。村民的收入也为此受影响。碰到张家顺时，村里人当面向他问好，背地里却在埋怨。

镇政府门前的街道被命名为张庄大街。街道两头的路口分别有一个牛马雕塑，头均朝向小张庄方向。不过，二十多年来，这大街一直未能繁荣。政府大楼周边，甚至难以找到一个饭馆。

镇政府对面，是张家顺在职时，斥资300多万元一手打造的影剧院，因为资金缺口，盖成后一直未能装修，荒废至今。据一位知情人士讲，张家顺情急之余，曾想动用镇里100万元的扶贫款。但在咨询儿子张治安后，知道这样做违法，方才作罢。2001年被免职之后，张家顺还曾参加当年镇委书记的选举，尽管事前打了招呼，但28个村书记投票，张家顺得票竟然为零。此事显然给张家顺造成打击，他由此彻底告别颍上政坛，将精力倾注于培养儿子张治安上。

但这一次，偏偏是比他懂法的儿子，却在他认为根本不是问题的“白宫”上出了事。儿子仕途终结，兄弟似生嫌隙，一度鼎盛的颍上张家渐显颓势。

如今，一手缔造了颍上张家的张家顺，铁腕书记张家顺，当地妇女哄孩子睡觉时总会提起的“张家顺”，在他家空荡荡的院子里，谈起自己送入仕途的儿子张治安时老泪纵横：“他杀不了李国福。要真杀他，那就是神经了，傻子了。”

（《南方周末》 2008年7月17日）

拍卖行业潜规则

□《南风窗》 谭大朝

2008年7月的一个下午，佛山拍卖行的一场拍卖会中，一栋起拍价512万元的建筑物，被人拍走。但令人吃惊的是，竞买人众多的这次拍卖，只有一次竞价，短短十几分钟内便完成交易；其次，只有一人拿到标的，但每个参加的竞买人，都可以分得10万元。而去年，全国拍卖行业的总成交额更是高达3279亿元。

针对拍卖行业的财富谜团，记者随后跟随业内人士一探究竟。这个行业的一张完善的财富网络，逐渐浮出水面。

司空见惯的串拍

7月30日上午，记者在佛山禅城区的一个办公室里，找到了入行6年的职业竞买人吴先生。他正拿着一幅平面图和同事们比划，讨论这栋建筑物买下来，是否能赚钱。这场拍卖，是佛山拍卖行举行的第234期拍卖会，标的法院委托，强制拍卖一套广州房产和一栋佛山建筑物。

吴先生看着记者，很直白地断言："你想看串通拍卖，下午这栋建筑物的拍卖，就有人串通拍卖，我带你去。不过，不一定能成功。"

当吴先生和记者下午3时赶到会场时，拍卖师已宣读竞买规则了。人群却并不安静，现场没有拍卖中紧张的氛围。有两个男人的交谈声，始终不绝于耳。他们周围的几名男子则警惕地观察着周围动向。

拍卖行工作人员见状，走上前去制止这两名男子的谈话，只被一句"我们是朋友，说几句话"，噎回了座位。一旁维护秩序的法警，似乎对此已是熟视无睹，全然不理会这两人的作为。现场专设的工商监管席位，直到拍卖结束，一直空着。

拍卖师终于宣布竞价开始，这两名男子也随之安静。吴先生说："这两个串拍的人谈好条件了。"果然，当拍卖师叫出512万元的起拍价，只听见一个声音应价，“520万”。然后，任凭拍卖师一次次富有激情地询问，或是刻意地等待，却只是一片沉默。大家只顾做自己的事，有人接电话，有人玩手机。最终，拍卖师宣布：“520万，成交!”

人群立即散开，原本满满的会场，只剩下7个人竞买一处房产。但这些离开的人在楼下又聚集了。随后，这群人驾车离去，这其中不乏雷克萨斯、宝马的身影。“他们去分钱了。”吴先生淡然地说。

本来预计有一场激烈的竞价，却这样轻易地串通拍卖成功。吴先生给出了这样的解释：那个串通者出价720万元，给拍卖行520万元，剩下的200万元（给竞买人）平分。大家都出不起这个价，所以，就只好等分钱。吴先生凭借竞买人资格，也能从中分10万元，“每场拍卖都有人想串通，串通（行为）是很普遍的。但串通成功，有钱分，却不是很多的。”

此外，吴先生还透露，即使会场里一时谈不拢条件时，串拍的人还有备选方案。他们让人先以超低价从拍卖行拿下标的，然后再私下竞买，仍是出价最高者拿走标的。而这里面的玄机，就在于“会场竞价，是让委托人和拍卖行把钱赚走了；私下竞买，超过拿到标的的那部分钱，就给大家分了”。

但吴先生也说，他们不做两败俱伤的竞争。但标的价格超过三五千万元时，他们也不会冒险串通。因为一旦被查处，则拍卖无效；另外，能出这个价的人，也不在乎分那点小钱。

而对于竞买人之间的串通，如果委托方很在意成交价格时，也会运用策略，打破串通。2007年11月，罗荣标律师参加了一场法院委托的一批陶瓷设备的拍卖，拍卖所得用于偿还债务。为了拍高价格，减轻压力，债务人首先便让拍卖行广泛通知行家参加竞买；其次，看货时，向这些行家摸底，确定合理的起拍价；再次，采用激励策略，凡将竞买价格提高到一定数额者，成交后另给一定数额的现金奖励。为减少控场者入场，竞买保证金也提高到600万元。罗律师说，这样才使这套设备成功地从1800万元，被拍到了2150万元。

倾村出动的职业控场

而为了竞买中串通成功，又衍生了专门控制拍卖场的职业控场人。他们通过各种手段，保障其竞买人以超低价格拿到标的，坐收佣金，甚至直接染指竞买。尽管吴先生表示，这些人未必能真正控制局面，他们多带一些人去会场，不过是造势而已，但小李则称，他亲眼见过有人因不听劝阻，擅自举牌，出拍卖场就被打了。

唐红炬律师也从相关案子了解到，拍卖中，控场行为很普遍。这些职业控场人势力强大到竞买人不经过他们允许，不能进场竞买的地步。

在佛山检方今年5月的一份起诉书中，涉及的5场拍卖均出现有专人负责、分工明确的控场行为。2007年4月，广东公正拍卖佛山分公司在佛山金城酒店，举行一场陶瓷设备拍卖会。拍卖会开始前，按照计划，会场外负责控场的人员，通过强行收走其他竞买人的竞买牌，或使用恐吓手段，阻止其他竞买人入场。除了外围防范，在拍卖会场内，也安插5人，以应对意外。

果然，拍卖过程中，有人打算举牌。这时，会场里的控场人立即一拥而上，把这个竞买人控制住。不仅口头上恐吓，更是直接按住竞买人的手，不让他举牌。最终，这场拍卖，以控场人的“合作伙伴”低价成交而落幕。

这份起诉书中的涉案人员，均以参与黑社会罪名被起诉。除了寻衅滋事、开设赌场等罪，其中，非法控制拍卖市场也是涉黑的主要证据。而据记者调查，正如起诉书中提到的开设在一棵大树下的赌场一样司空见惯的，还有控制拍卖场的行为。

华南理工大学一位法学教授透露，据他个人调查和从官方渠道了解，职业控场人确实能够控制局面。深圳一些地方已出现一个村一个村的外来人，专门在深圳从事控场职业。“他们完全可以控制住场面。”该教授同时也表示，当前法律对此缺乏有效监管。

《拍卖法》在第65条规定，一旦查实有串通拍卖行为，则拍卖无效，并对相关人等处以罚款。对此，2006年“两会”期间，全国政协委员胡旭晟曾建言，“恶意串通拍卖失去的是经济秩序，甚至是社会的稳定”，有必要增设串通拍卖罪，进行刑事处罚。但武汉大学法学院副教授刘应民则认为，竞买人私下的串通拍卖行为，即使增设“串通拍卖罪”，也存在恶意串通取证难的问题，“毕竟只是私下口头协议”。

“对控场行为的制裁，也主要是‘民事制裁’和‘治安处罚’。可以考虑通过刑事立法，加大惩罚力度。”刘应民认为。

但对这类串通、控场行为的刑事处罚，仍停留在讨论阶段。佛山检方本次以重罪起诉，也再次凸显了监管之困。

拍卖行的边缘行走

其实，竞买人的串通和控场人的职业化，实现了自身利益最大化。而拍卖行逐利，则采用将规则无所不用其极的方法。

不到30岁的小李，进入佛山房地产拍卖的竞买人的圈子，已经7年了。

拍卖行给他们穿的“小鞋”，他早已洞悉。

小李告诉记者，拍卖行拿到标的后，为了牟利，便与人串通，进行黑箱操作。这时，他们就做一些小动作，让更少的人参加竞买。而拍卖行帮竞买方低价拿下标的，将从中获得除佣金外的另一笔钱，自然乐意合作。

诚如拍卖行负责拿拍卖标的的梁先生所说，竞买规则是很完备的。但小李指出，拍卖行从发布公告到拍卖，都有操作空间。比如，法院委托拍卖的标的，也因为二者公开的默契关系，监管自然不会太“苛刻”。中国拍卖协会的2007年统计数据显示，按照拍卖品来源统计，法院和政府委托拍卖超过了成交额的62.9%。其次，法院对媒体和公告内容上都有规定，但文章大小拍卖行却可以做主。说着，小李随手从一本拍卖公告剪报中，找出了一张7月30日的房产拍卖公告。就在这样一张拇指大小的小纸片上，却拥挤了百余字。“这样的公告，一不注意就忽略了。”小李说。

而在公告后的展示环节中，也有很多手段。比如，惯例是竞买人先看货，再决定参加拍卖。但小李就曾遭遇“要看货，先交保证金”，“都没有看货谁敢交呢”？而买家电话咨询时，工作人员一句“不清楚”，就打发了。即使最终得以看货，工作人员故意少介绍一部分货物，都会让竞买人认为不值，放弃竞买。小李抱怨说：“这些事，他们也只是口头上说，又没有书面材料；尽管法院开了标的清单，但并没具体到一套茶具有几个杯子啊？”

这群行业里浸淫多年的竞买人，通过自己的信息网，对此已早有防范。但小李告诉记者：“我经常刚去交完钱参加拍卖，回头就有人给我打电话，叫我不要参加。不是拍卖行泄露的（消息），他们怎么会知道得那么快？”这些陌生电话告诉他们，房产会因某种原因过不了户，或直接让他们退出竞买，给他们分钱等。这些因素，更会让他们慎重考虑。

拍卖漏洞围堵之艰

针对拍卖行业出现的问题，广东省经贸委和省市工商局也在召开联动会议。广州市工商局合同处陈科长告诉记者，会议主要涉及经贸委和工商局对发放拍卖批准经营证书的监管问题。

据了解，作为拍卖行主管单位的经贸委，拥有发放拍卖批准经营证的权力，但企业出现问题，却无权收回证书。所以，希望工商局能配合经贸委，在监管上给予支持。陈科长指出，隶属经贸委和国家工商局的两家单位，跨部门合作本身就存在难度，而对经营证书发放权和取缔权分离的监管，就更复杂了。

除了监管乏力，深圳和天津两地作为全国企业清算破产试点法院，出现的法官的集体“沦陷”，也让拍卖行业更显尴尬。2006年，深圳市中院5名法官在审理破产案件中，与清算机构、拍卖公司和债权银行形成“腐败链条”落马。2008年7月，天津高院、一中院的4名法官被查出与清算所、拍卖行“默契配合”。

至此，拍卖行业所涉及的各方无一幸免，整个行业被打上了灰色标记。广东省拍卖协会秘书长钟兴财说了一句意味深长的话：“这是一些很敏感的（监管）部门，拍卖本身也是一个很敏感的行业。”

“拍卖是为了牟利。但首先要解决谁应该获利。”中国政法大学研究生院副院长李曙光教授说，“作为一个中立的仲裁机构的法院，是不能牟利的。所以，要从立法中，限制法官权力；在制度上，设置利益隔断机制，预防法官的贪腐行为。但从《企业破产法》中过大的司法权力仍可看出，目前，立法还没完全达到要求。”

而1997年正式实施的《拍卖法》，也因拍卖中的问题，饱受诟病。11年过去了，据商务部统计，1996年，全国拍卖企业只有580多家，年拍卖成交额约100亿元人民币；而10年后的2005年，全国拍卖企业已达4000多家，年拍卖成交额达2640亿元。

李曙光教授则指出，并不是简单地完善一部《拍卖法》，就能彻底解决拍卖行业目前的问题。

李教授认为，不能用专项法解决交易过程中出现的普遍性问题。目前，规范中国的市场经济，缺乏的是配套法律措施和诚信交易的市场环境。比如，交易中出现的串通拍卖和职业控场行为，则可以通过设立反欺诈交易法来解决问题。此外，还要建立完善和独立的法律诉讼环境，保障公民权益，让违规行为得以惩处。

而对立法的不足，李曙光表示，这可以通过判定法，即最高人民法院的司法解释来弥补的。但前提是需要加强这些司法判例的科学性。

当法律得以规范，诚信交易社会建立，监管部门权责明晰，拍卖市场才有望真正净化。

（《南风窗》2008年第020期　2008年9月24日出版）

为“封口费”生存的“记者”

□《新民周刊》 杨江

过去的一个月中，两起记者大规模领取“封口费”的事件令中国新闻界深陷“封口门”。

先是在山西，41岁的矿工吉新红死了。9月20日，正在井下作业的他，被坍塌的矿井深埋了。他的生命，如同秋天的落叶，在矿主的眼里太卑微了。在悄悄支付了吉家人一笔赔偿金后，霍宝干河煤矿瞒报了。

如同绿头蝇叮上了有缝的蛋，三天后，一场让新闻界蒙羞的“封口费”事件粉墨登场。42岁的戴骁军用相机与手机拍下了那个肮脏的场面，揭露到了网上。

这件事尚未平息，河北那边又给了新闻界一记重击。7月14日，河北蔚县李家湾矿井发生爆炸，35名矿工遇难，在矿主李成奎的金钱公关下，事故被瞒报。85天后，这起特大矿难被人揭发。据说，李成奎为打点各个部门花销了近2000万元。

“7·14”矿难发生后，各路记者也是闻风而至，但事故最终还是被瞒报了。国家安监总局新闻发言人黄毅披露多名记者收取了红包。令人震惊的是，据说当地几乎每个煤老板手上都有一份记者名单，遇到事故就依次打点。李成奎手中也有一份名单，凡在册者均收了红包。

镜头里的黑暗：近百人领取封口费

42岁的戴骁军至今回忆起他在霍宝干河煤矿见到的那一幕仍感震撼：一个个“记者”拿着证件，团团围着那个“穿红衣服发钱的人”，眼里的贪婪怎么如此直白。

他说不清自己到底是《西部时报》的记者还是通讯员，他没有“署证”，也就是新闻出版总署颁发的记者证，“但长久以来做的却是新闻记者的工作，刊登的稿件，有时署名记者，有时署名通讯员，我自己也搞糊涂了”。

从部队退伍后，戴骁军读考了新闻函授的大专文凭，因为怀揣新闻梦想，1996年进入山西某晨报做摄影记者，后下海经营了一家摄影工作室。3年前，进入《西部时报》山西记者站。这个记者站，连同站长与戴骁军在内，共有4人。“只有站长一人有‘署证’。”

9月25日，戴骁军接到一个电话，是山西某报的资深记者，一个用戴骁军的话说，有“署证”的老记者打来的。“资深记者”告诉戴骁军，他正在霍宝干河煤矿，好多“记者”在领封口费，但他没有带照相机，因此要戴骁军去取证。戴骁军于是叫上另一名同样是某中央级媒体驻山西记者站的“记者”“直播山西”。

“直播山西”是网名，“和我一样，没有‘署证’，也可以说是通讯员。因为他有车，故邀他一同前往”。

两个人晚上7时左右到达霍宝干河煤矿，此时天已漆黑，小雨淅沥，在煤矿办公楼前，他看到几辆写有“安全现场”、“新闻中心”等字样的车辆。一楼入口，有保安在登记花名册。

戴骁军签名后，径直走到三楼。那是一个多么震撼的场面！楼道内站满“记者”，房间内，一名红衣男子正在逐一登记“记者”们的姓名、单位，登记一个，发放一份“封口费”。

这是戴骁军第一次亲见领取封口费，此前，他只是有所耳闻，“早几年，我看到一张图片，摄影者拍下了某煤矿的办公楼外貌，说里面有很多记者在领封口费”。

他认为那样的图片对于一个新闻工作者而言是不过关的，从此萌念，有朝一日一定要拍下真正的现场，“领封口费的记者鱼目混珠，真少，假多，败坏了记者队伍的形象”。

现在，现场突然呈现在面前，但近百人的壮观场面，却把他惊呆了。他与“直播山西”观察了地形，制定了撤离方案，此间，“直播山西”用手机拍下了一段现场视频。

再次回到车内，戴骁军让“直播山西”守在车内，保持发动状态，“如果，我来不及跑，就把相机扔到车里，你不要管我，自己先跑”。

然后，他就带着那架自费购买的尼康相机来到三楼，对着房间内的人群猛按快门。“虽然我用了闪光灯，但他们来不及反应，我留给他们的不过一秒钟，然后迅速撤离。”

在楼道内，他拍下了等候的“记者”，然后跑下楼，在门口，夺过花名册拍下了四页，等保安回过神，戴骁军已经拍完门口的那些“采访车”，绝尘而去。

二人没敢直接上高速公路回太原，而是沿相反方向开向了临汾，在一个村子躲了一会，确定无人跟踪后，这才驶上高速公路返回太原。

6家媒体，领取12.57万元

煤与媒之间的封口现象，在产煤大省山西、河南等地早就不是什么秘密。2002年，山西繁峙矿难，11名记者拜倒在矿主的金元宝下，其中不乏知名媒体的记者。3年前，河南汝州某煤矿发生矿难，署名“奔走相告委员会”的矿难短消息迅速传播，短时间内，480名各路“记者”领走了20万元封口费。

与霍宝干河煤矿相比，繁峙的那次丑闻不过是小巫见大巫了。不过，戴骁军本意并不想把“娄子”捅这么大。“我原本只是想发到我的博客上，记录下来。”

他不是以记者身份去拍摄的，事先也没有向报社汇报，事后也没有想过刊登在报纸上。“难道，我以一个公民的身份就不能揭露吗？！再说，现在有多少内幕，最后都是借助网络才得以曝光的？！”

戴骁军的博客很快跟帖如潮。但没过几天，有网民打电话质问他是否收了矿上的封口费，戴骁军吃惊之余上网一看，原来帖子已经被删除了。“网站编辑说迫于上面的压力删除了，我说，你有权力删除我的帖子，但是必须告诉我真实的原因，总不能你们背后与煤矿搞了什么见不得人的交易，让我被网民怀疑。”

他再贴，但再次被删，这个生于1966年，自称“属马，但却有一股驴的犟脾气”的男人终于被激怒了。接下来的几天，他实名注册网名与“直播山西”在各大论坛疯狂发帖揭露霍宝干河煤矿封口费丑闻。“就是为了证明我没有被收买。”

窗户纸就这样被戴骁军有意无意地撕开了，国家新闻出版总署、山西省新闻出版局先后于10月25日和27日两次派员调查。截至目前，调查组公布，根据矿方提供的登记表，9月24日、25日两天，共有23家媒体的28人登记，初步核查，持有“署证”的只有2人，其余为假记者。

经查实，霍宝干河煤矿以订报费、宣传费等各种名义给6家媒体支付了12.57万元，其中，山西《科学导报》1万元宣传费，《山西法制报》临汾发行站2000元订报费，中国教育电视台《安全现场》栏目19200元资料费，假冒《法制日报》记者34500元宣传费，《绿色中国》杂志1万元会员费，山西广播电视总台5万元。

矿方还反映，一些“记者”说车内汽油不够，要求帮助解决，煤矿没有加油站，矿方于是向他们每人支付了300元至500元不等的加油费，共计1900元。

消息公布，舆论一片哗然。10月31日，中华全国新闻工作者协会发表声明，表示对发放“封口费”的行为予以强烈谴责，应以这次事件的调查处理为契机，进一步加大打击假记者的力度，对使用假记者证或假冒记者名义进行非法活动的人员，要及时移交司法机关依法查处，以维护正常的新闻活动秩序，维护新闻队伍的纯洁。同时，中华全国新闻工作者协会坚决维护新闻工作者正当的采访权益，支持新闻工作者正常的舆论监督活动。

眼下，调查仍在进行，戴骁军坚持认为，依据他那天的所见，绝对不止28人，数额也远超12.57万元。

恐吓与诬陷随后而至

戴骁军未曾料到，揭露封口费丑闻后，他没有享受到英雄般的赞赏，却成为了一个孤独的举报者，以至生命受到威胁。一方面，各地媒体不断深入采访，曝光封口费；另一方面，恐吓电话也随即而至，最初几天，每天都有十多个恐吓电话打到他家里，“别把事情闹大了，兄弟们都没饭吃了，对谁都不好……”戴骁军说，打电话威胁的人，不容他说一句话，骂完就挂。

福尔摩斯说，最大的嫌疑犯就是最大的受益者。戴骁军认为，威胁他的人肯定是那些“记者”，或者是煤矿。他不得不每天亲自接送6岁的儿子上下学，并给家人买了人身意外保险。

网络上，谩骂不断，有人揭露他是一名假记者，说他9月25日那天也是去领封口费的，只因无法证明身份，矿方未能满足他的要求，故而报复。还有人揭露他试图敲诈矿方10万元，并说所谓的惊心动魄的拍摄过程都是虚构的。

戴骁军又一次被激怒了，他保留追究发帖者与相关网站的法律责任的权利，“调查组已经证实没有10万元一事，矿方也说没有见到过我”。

他拍摄的花名册中，“单位”一栏五花八门，《山西调查》、《社会报》、《科技报》……更有甚者干脆就写了两字——报社，“这些媒体，我听都没听说过，那些记者，我也都不认识”。

戴骁军供职的《西部时报》也有一名赵姓记者在列，“赵某某是否真有其人，我不知道，山西记者站没有此人，如果是总部下来的，也会和我们山西记者站联系”。

不过，戴骁军纳闷的是，单位自封口费事件曝光后一直没有与他联系。“报社对外否认了我的记者身份，我想不通，难道就因为我曝光了那个赵某某？”

针对网络上有关他身份的质疑，戴骁军说：“有照为证！”他发给记者一堆照片，其中就有他代表《西部时报》采访奥运火炬在山西传递时的工作照。

“难道说没有‘署证’，我就是假记者？‘署证’就那么重要吗？！”他说，“我有点寒、有点冷、有点恨！”

封口费丑闻曝光后，中国教育电视台发表声明，已停播涉嫌收取“封口费”1.92万元的《安全现场》栏目。《科学导报》也宣称此事严重影响报社声誉，涉及此事的是聘用员工。

戴骁军的犟驴脾气又发作了，他质疑：“怎么出了事，就说是聘用人员？！”

“直播山西”以及将封口费告诉戴骁军的那名“资深记者”至今没有公开身份，戴骁军说：“我捅了大娄子，现在处境如此艰难，他们还能公开吗？”

“但我不后悔，我就是要让公众看清这些所谓的记者的面孔，证明新闻界的声誉。”

这个孤独的揭露者眼下已经不得不开始考虑自己以后的生计问题。

矿主感言：“假记者”就像苍蝇

听说要采访封口费现象，山西某林姓矿主觉得很奇怪：“这有啥好说的，大家不都知道吗？！”对于瞒报和封口，他一点都不意外：“矿上死一两个人很正常。能小事化了，就小事化了。家属很好打发，给点钱就是了。闹大了不好，死一个人，赔20万元，还要罚款100万元，捅出去，政府面子过不去，矿上也要停业整顿，那损失就大了。”

唯一让他不解的是，山西居然出了戴骁军这样一个人物，居然如此特立独行，敢去揭这个盖子。“那些‘记者’多年来的饭碗被他砸了，我看他以后还怎么混噢。”

林矿主来自温州，2003年，400亿元温州游资涌进山西，一度掌控山西近60%的中小煤矿，他深有感触：“我走遍中国，没有哪个地方像山西这样，这么多的‘记者’。”

林与他的老乡们刚到山西时，对“记者”的不断造访战战兢兢：“我们做生意的对记者一般都很敬畏，再说，那时候我们矿上的证件大多不齐，生怕被记者曝光。”但“林矿主们”很快发现了这些“记者”的真实意图，“给个三五千元就打发了”。

“一个个都拿着证件，什么通讯员证、工作证、记者证，五花八门，可言行举止哪像个文化人？夹着老板包，叼着烟，开口闭口，粗鲁得很！”

林说，虽然这些口称“记者”的人，出示的都不是“署证”，但也很难说他们就是假记者：“有些媒体，尤其是总部在北京的媒体，在山西设立记者站名义为新闻采访，实际主要在搞创收、发行。站长雇几个人，发个通讯员证、工作证，这些人就像拿到了法宝，成天跑矿，找问题，拉发行，搞创收。”

“有些通讯员自己还招了助手跟在身后，在社会上神气得很。打狗还要看主人，不好得罪的。”

媒与矿的这些个道道成为众人皆知的潜规则后，便出现了真正的假记者，买个假证件冒充媒体的人，浑水摸鱼。

时间一长，林和他的朋友们就对这些“记者”有些嗤之以鼻了，他把这些人比喻成煤矿的寄生虫：“像端着新闻碗的叫花子，不就为了一点小利吗？我也懒得查你身份了，给你三五百元，走人！”

在山西，传言有“记者”坐出租车进矿，出来时开着一辆奥迪车，林矿主说，这不奇怪：“一旦发生事故，起码会来200个‘记者’。像苍蝇一样，打发一批，又来一批，他们都事先商议好的，一旦谁发现了某个矿的问题，马上就会通知其他人。”

“其实我们也知道，真正的记者除非出了特大矿难，一般不会来矿上，来了也是正经地采访，真记者头上毕竟有把剑，不敢乱来。哪像他们这些人不受约束。”

林说他的一些朋友为打发“记者”，每年都至少要花几十万元，“不过，话又要说回来，这对我们来说，也都是小事了，算不得几个钱。”林觉得给点蝇头小利没什么，只是“像苍蝇一样没完没了，太让人恼”。

时间一长，矿主们就想出了对策：养一批流氓，随时听候调遣，用“垃圾”对付“垃圾”。不久前，他一个朋友的矿上来了一名“记者”，对着井口装模作样拍了一会照片，然后索要封口费，否则就要曝光。“把矿门一关，看你怎么跑！相机没收，你流氓？我比你还流氓，打手一出来，吓都吓死你，看你还敢不敢要封口费！”

正如林矿主所说，在山西，盛产假报刊、假记者站、假记者，其实已经是一个不争的事实。2003年以来，山西假记者出现组织化和网络化的动向，仅省城及临汾等地短期内就冒出十多家“杂志社”、“编辑部”、“工作站”以及一百多个所谓的“记者”。

2004年底，山西省依法取缔非法期刊记者站21家，并对多名假记者进行刑事拘留。2007年8月至11月，全省再次依法治理非法报刊和假冒记者，共收缴假冒记者证、工作证1362件，取缔非法记者站、工作站45个，批捕7人，行政和刑事拘留21人。

但为何假记者与封口费现象仍然屡禁不止？林矿主认为，关键是新闻单位发证要把好关：“别随便对外发，起码也要控制数量嘛！我是很喜欢和真正的记者做朋友的，只要真记者来，我会很客气！”

林说今年他已经不再给封口费：“我证件已经办齐了，矿上没问题，假记者来干什么？”

戴骁军认为，关键问题还是出在事故上报机制上：“老百姓都能记住110、120、119，可有几个人能记得住矿难举报电话？为什么就不能设立一个老百姓容易记的号码？”

“矿主没办法瞒报，假记者也就没有生存空间了。”

（《新民周刊》总第448期　2008年11月24日出版）

民生调查

城市灰霾天年夺命三十万

□《南方周末》 姚忆江 秦旺 郭丽萍 王霞

3月下旬开始的几场春雨，让珠三角地区的城市暂时感受到了春天的气息。中央气象台在网上的天气资讯提示：广州空气质量状况有利于空气污染物稀释、扩散和清除，可在室外正常活动。

和中国的许多城市一样，在3月的多数日子里，广州依然与明媚的春光无缘。灰蒙蒙的天空带给人们灰蒙蒙的心情，对此大家似乎已习以为常。近年来，“灰霾”这个词在各种媒体上出现的频率越来越高，仅2007年12月，广州的灰霾天就达到22天。

对很多市民来说，灰霾天气带来的是憋气、咳嗽、头晕、乏力、恶心和坏脾气。去医院的患者一下子多起来。

世界工厂的代价

3月10日至11日，广东省出现大范围灰霾天气，气象部门发布了灰霾预警信号。

行驶在广深高速上的吴杰一边驾车一边抱怨：“汽车在大白天行驶也要打开车灯，人就像一个白内障患者在阴天里行走。”车窗外，是距广州20公里的东莞麻涌。这一带烟囱林立，蔚为壮观。

当一批又一批农民工涌入城市时，他们却没有料到城里人在污浊的空气中低质量地生存着。在空气更加恶劣的车间里，他们更是以健康的透支为代价换取微薄的收入。

记者走进东莞的一家工艺品厂，车间里刺鼻的气味让人窒息，许多20岁左右的女孩在没有任何防护的条件下工作。“这是树脂的味道，也有喷涂的工艺品散发的气味。”厂方的负责人说。记者悄悄询问一位女工，怎么能忍受如此难闻的气味，她回答：时间长了，已经习惯了。

2007年，东莞环保部门共收到有关大气污染方面的投诉3865宗。大多数市民或许并不知道，东莞经济在跃居广东三甲的同时，大气污染指标也超过佛山，跃居全省第一。“中国已彻底成为一个世界工厂，大量绿地和农田被工厂和道路所占用了，城市失去喘息空间，一些地区的环境承载能力因此下降。”中国空气污染地图的制作者马军说。

一直在抱怨空气质量差的吴杰并没有意识到，自己也对空气的现状负有责任。珠三角地区的汽车尾气排放的细粒子已经占到污染物比例的20%—40%，和工业排放一起成为污染源的前两位。

2007年广州市机动车达180万辆，并以每年15万辆的速度增加。深圳汽车拥有量是120万辆，每天十多万辆的过境货柜车，对污染的贡献也不小。

深圳市气候中心工作人员李辉告诉记者，刚刚过去的2007年，深圳灰霾天气达231天，2006年是164天。

令许多人困惑的是，深圳是滨海城市，怎么也会出现灰霾现象呢？“深圳的灰霾天气不是单独的，广州、东莞等珠三角城市都受到了这种区域性灰霾的影响。这就说明灰霾污染问题不是一个孤立发展的问题，而是一个区域性的问题。”中国气象局广州热带海洋气象研究所大气环境首席研究员吴兑说，“工业发展超过环境负荷，珠三角从机械污染、化学污染过渡到多种污染并存局面。国外发达国家完成这一污染过程花了200年，而我们只花了30年，就完成了三个污染阶段的演变。”中国气象局培训中心王强教授说：“为什么现在北京周围的五六个省全部要规划起来一同预防，就是因为雾霾天气本身不只是北京本市的问题，还有一个周围区域的问题。污染物还可以从邻近的某个省跑到北京来呢!”“根据我们的记录显示，南京和杭州出现霾的天数几乎一模一样，长江流域的区域性特征也很明显，若不采取有效控制，很可能造成更为严重的后果。”吴兑说。

在珠三角、长三角以及更多的地方，近20年来城市发展很快，现在基本上隔几十公里就会有一座城市。城市密集成群，减少了以前存在于城乡接合部的空气污染缓冲区，一方面造成污染物不易扩散，另一方面也把很多城市连成污染关联度越来越密切的整体。

是雾还是霾

“明天中国大部分地区有雾或霾。”当中央气象台播音员这样播报时，王强说，“雾和霾有着暧昧而又复杂的联系，我们一直忙于向公众解释这一过程。现在的预报是一种‘浅式的预报’，说雾天增多了，实际上是霾天增多了。雾的改变，是当地生态系统发生变化的一个标志。”过去，很多人都只知道雾，而不知道霾。“本来雾主要是由水滴组成的，而霾主要是由干粒子组成的，不过现在雾和霾已纠缠在一起了。”“我们在北京看到的这个过程有比较明显的周期性，在稳定的天气条件下，随着排放的污染物浓度越来越大，霾就会越来越重，由于霾是干的气溶胶粒子，如果水汽增多，就会凝结变成雾滴，霾就是由一个逐渐的积累过程转化成雾的。雾形成了以后，经太阳一晒，即使水滴蒸发了，霾却还留在空气里，所以雾又转化成了霾。”雾和霾的转化，对近地面层的结构产生了很重要的影响，使得雾和霾的转换能长久地持续下去。如果污染物不断地积累，浓度也会越来越高，那么对人的危害也会越来越大。

吴兑说：“广州99.9%的情况是霾，根本不是雾。低纬度低海拔地区形成雾非常难，雾是低温下饱和气块的标志。我曾看到中央气象台播的一条气象预报‘北京盛夏季节30 ℃大雾弥漫’，在中学教科书上不都写明了，雾是低温下饱和气块的标志，还这么播，是不是一个大笑话。出现的肯定是霾，夏季30多摄氏度条件下，水汽很难有达到饱和的能力。”灰霾的出现，就好比一盆清水，一个人或少量人洗的时候，这盆水的容量是够的，但等大量人进来洗了以后，这盆水的环境容量就饱和了，于是这盆水就变成了浆汤。

中国已成为世界上大气污染最严重的国家之一，国际通行的衡量空气污染的标准，是测量每立方米空气中所含的悬浮微细粒子。世界卫生组织的标准是20微克。中国只有1%的城市居民生活在40微克的标准以下，有58%的城市居民，生活在100微克标准以上的空气中。广州也达到100微克。相比之下，纽约才二十几微克。

2007年12月23日，国家环保总局在其官方网站上公布了全国主要城市当日的空气污染指数(API)，成都的空气污染指数以422位居全国首位，创下了数年来的最高纪录。

“持续数日的雾灾直接影响了空气质量，导致API指数的拔高。”成都市环保局相关负责人解释道。

南京信息工程大学应用气象学院银燕教授对南京1961—2005年的霾日数进一步分析后发现，南京的霾天数总体呈上升趋势，近50年内竟然增加了上百倍。“20世纪60年代，每年的霾天仅有几次，而到了1991年，首次超过100次，最多的1994年霾日高达158次，2005年也有106次。”2001年至今，南京的灰霾天不仅来得勤，而且“住得久”。“每个人都是吸尘器。”“灰霾里的微细粒子在人的呼吸系统撕开了一道‘看不见的口子’。”中山大学公共卫生学院预防医学系主任宋宏说，上呼吸道系统是人类防御病毒进攻的一道重要防线，污浊的空气，会“穿透”人的呼吸系统，首先是鼻咽部，接着是气管，一些毒性物质能渗入肺泡里溶解，一些不能吸收的毒性物质则粘在肺细胞的表面，而那些被溶解的毒性物质又将随着人的血液对人的器官包括心脏造成损害。“如果同一部位反复发炎，也有癌变的可能性。”中山大学公共卫生学院教授陆家海发出警告，“灰霾的形成将会对各种传染疾病的流行起到一个推波助澜的作用，长期生活在这样的大气环境中，人的机体抵抗力也将大为减弱。”陆家海提醒，晨练的人们最好待在家里，灰霾天里锻炼和运动无疑是“挥刀自戕”。

关于预防办法，专家的建议是：外出必须戴好口罩，“或者选择离开”。

后面一个建议显得很无奈，一座又一座的城市被充满着悬浮颗粒物的空气包围着，让人几乎无处可逃。“我们人体每天需要呼吸15立方米的空气，住在城市里的人就相当于吸尘器，每天要过滤15立方米的空气，这样持续下去，细粒子污染对身体的危害要比切尔诺贝利核辐射严重。”吴兑打这个比方时，也在形容自己在城市里的境遇。

在武汉同济医院呼吸内科的病房里，刘玉琴静静地躺在病床上。这位七十多岁的老人在一周前被查出肺癌晚期。她自己没有料到，自己和老伴都不抽烟，怎么会得肺癌。

许多人还没有意识到自己每天呼吸的空气有多么危险，大多数生活在城市里的人没有把自己身上的异常与空气联系起来。这种情况就像温水煮青蛙，等到感觉到不妙时，为时已晚。

陈士杰等研究人员，对整体人群的肺癌死亡率资料与大气总悬浮颗粒物年均浓度资料进行测算，结果显示，肺癌死亡率与9年前总悬浮颗粒物的灰色关联度最大，这意味着总悬浮颗粒物致肺癌的潜伏期为8年左右。

影响最大的是人类生理年龄的两端——孩子和老人，在美国完成的一项历时8年的前瞻性研究发现，交通污染可显著阻碍儿童肺功能的发育。灰霾，对于体质较弱的老人来说，意味着死亡。

青壮年则在大气污染的慢性效应中浸淫，至于什么时候可能患病，“一切都看个人的抵抗能力了”。

橘红色的警报

打开中国大气环境电子地图，屏幕上显示的是一大片惊心动魄的橘红色。目光所及，广州、深圳、西安、成都、太原、沈阳、北京、上海等城市均在其中。持续性的重污染天气已成为我国城市和地区需要面对的严重问题。“珠三角、四川盆地、长三角、京津冀、东北平原地区的都市化城市和重工业城市，出现灰霾天的状况比其他地区严重。”王强和吴兑的观点比较一致，“北方和南方在空气污染的成分上，本质上差别并不大。但是由于地表状况的差异、工业门类的组成、工业排放的不同，还是有一定的差异。”在中国的许多大中型城市，几亿人口面临着与空气中的隐形杀手的亲密接触。空气污染呈现出范围更广、次数增多、时间延长、灰霾天气出现等四大特征。“如果许多城市的碳氢化合物、二氧化硫以及氮氧化物排放量依然以目前的速度增长，到2010年，这些城市的空气将很难保证人类的正常呼吸。”王强对记者说。“城市里目前面临的最大问题不是二氧化硫，而是光化学烟雾、细粒子的复合大气污染问题。”北京大学环境学院院长张远航指出。

早在2004年底，北京大学环境科学系的唐孝炎院士根据在广州等地的研究，就发出了“可能爆发光化学烟雾”的警告。

在王强教授眼里，雾在变黑。“里面的化学污染物对人体的损害非常大，它更反映了城市污染的真实情况。”国家环保部环境规划院的赵越博士，对2004年1月至2005年9月北京市8个城区、近郊区的死因数据、大气污染和气象数据进行分析，得出结论：大气污染对北京市民的两大疾病——呼吸系统疾病和心血管系统疾病——造成的死亡率影响，分别为每天增加41人和59人，过早死亡的经济损失分别为2550万元和3691万元。“这是一个非常敏感的课题。”赵越告诉记者。但大气污染引起的居民健康经济损失不容忽视。

由他撰写的《大气污染对城市居民的健康效应及经济损失研究》博士论文显示，我国呼吸系统和心脑血管疾病死亡的总平均损失寿命年为18年，重度污染出现后的第六天呼吸系统疾病死亡率达到最高，而心血管系统疾病死亡则是滞后两天。

另一个结论也足以刺痛我们的神经：2004年，中国城市由于空气污染共造成近35.8万人死亡，约64万呼吸和循环系统病人住院，约25.6万新发慢性支气管炎病人，造成的经济损失高达1527.4亿元。

该结论被国家环保部专家进一步证实：“近年的数据与2004年大体相似。”

监测标准严重滞后

在中国，可吸入颗粒物国家标准是年平均浓度每立方米空气100微克，是世界卫生组织标准的五倍。

广州是全国率先对灰霾进行预测预报预警的城市。但在现有国家空气质量评价体系下，出现灰霾天气并不认为是空气污染。

广东省政协委员、中山大学环境与生态研究院院长杨中艺说，形成灰霾的主要成分——空气动力学等效直径小于2.5微米(PM2.5)的大气颗粒物，没有列入监测指标，这恰恰是毒性最强的颗粒物。

在环境空气质量(API指数)体系上，国际上的标准是监控二氧化硫、二氧化氮、臭氧、一氧化碳、可吸入颗粒物(PM10)、细粒子颗粒物(PM2.5、PM1)、能见度，而国内只是监控二氧化硫、二氧化氮、可吸入颗粒物。

环保部环境标准处处长冯波解释："确实，我们现行实行的环境空气质量标准是1996年制定的。监控的主要就是二氧化硫、二氧化氮和可吸入颗粒物(PM10巨粒子)，标准里确实没有要求对细颗粒物(PM2.5、PM1细粒子)进行检测。""标准是依据当时的技术条件制定的。当时国家还没有条件对细粒子实施检测。现在国家环保部正在对老标准进行科学论证，如果对现行标准进行调查和评估后，标准值的高低和标准的设定被论证为不符合实际要求的话，我们将通过立项来修改现行的环境空气质量标准，使之符合现行的实际情况要求。"在中山大学讲授光化学污染课的吴兑对此做了一个比喻："相当于我们每天在这数老鼠，他们却在数大象，珠三角的空气质量不好是因为'老鼠成灾'，大象并没有成灾。而国家的空气环境评价体系是评价大象。所以环保局的监控体系根本监控不了这个指标，环保局只管巨粒子，就是说他只管鼻孔这里的事，他不管气管、支气管和肺泡的事。"这就能解释为什么环保部门老说空气质量优良，公众和媒体却老说污染的原因了。实际上是真污染，但是我们国家的环保指标已经衡量不了。换句话说，环保标准已经不符合实际了。

警惕伦敦雾灾重演

"我们现在重视GDP的增长，忽视了人们的健康。要知道你有了钱，可以买到医疗服务，却买不到健康和生命。"王强教授呼吁，要警惕伦敦雾灾在我国重演。他再次提起了1952年12月伦敦那次震惊世界的"雾都劫难"——一次世界上最严重的空气污染事件。在五天时间里，有4700多人因呼吸道病而死亡，其中多数是年长者。雾灾之后几个月，又有8000多人死于非命。"当时英国雾中烟尘颗粒物浓度是每立方米4毫克的量级，2007年12月28日，北方某特大城市个别测站的小时峰值浓度已经达到了每立方米1毫克。伦敦雾中的污染物以燃煤产生的硫化物为主，我们城市空气中的污染物成分更复杂了。"我们再不能以"习惯这种天气了"来表达自己对健康的冷漠。王强说，在全国的一些城市，污染状况甚至还要严重。这一趋势非常值得警惕，不能等到出现事故以后再被动地应对。“当时，伦敦的‘毒雾’持续了5天左右的时间，目前，我们国家严重污染的持续时间正在增长。”突发性的灾害能直接威胁到人的生命，在局部地区个别地方和个别时段，也要防止出现这种突发性的灾害。

违法比守法划算

大量的化工企业建在中国，在为当地带来经济发展和就业机会的同时，带走了廉价的产品和丰厚的利润，留下的是被污染的环境、纸面上的GDP和大批失去健康的人。2005年初，国家环保总局在全国10个省市启动了绿色GDP试点工作，然而以环境核算和污染经济损失调查为内容的绿色GDP受到地方的普遍抵制，不少省份要求退出核算试点。“由于工厂不支付与污染相关的成本，因此中国出口产品价格尤其低廉。有些国际企业‘国内一套、国外一套’，用双重标准对待污染问题，说明我们自己的标准过低，处罚太轻，监管不严。”一家大型纺织企业老板曾对民间环保人士马军说，他们其实已经掌握了废水处理技术，每天可以少排一半的废水，但这家企业说他们现在不能这样做，因为水价太低了，他们这样做的话，所花的成本就比竞争对手高得太多。

据大气污染防治法，大气污染事故罚款最高限额为50万元；据环境影响评价法，违反环评擅自开工建设罚款上限20万元。不要说与跨国公司在本国动辄上亿元的污染罚款相比，就是在中国本土而言，违法成本也远低于守法成本。“而在国外，一家企业要是超标排放，当地环保部门要来找它的麻烦，法院要来找它的麻烦，媒体要来找它的麻烦，一些环保组织也要来找它的麻烦，社区也会来找它的麻烦，甚至它的员工也会来找它的麻烦。”马军说，在国外各种因素都在制约企业的表现，而我们中国现在还没有形成制约企业污染排放的强大力量，当然这一部分的原因也是因为我们公众缺乏获取环境信息的有效渠道。“无疑，中国的环保之路任重而道远。但刚刚过去的‘两会’上，中央政府将国家环保总局改为环保部，这说明国家很重视环保问题，就是希望在环境保护方面加大监管力度。”王强说。

马军寄希望于今年5月1日要正式施行的《环境信息公开办法(试行)》。“如果这部条例能得到真正执行的话，企业就将置于公众的监督之下。我希望在5月1日以后，媒体和公众能更多地关注环保部门公开的政府环境信息和企业环境信息。”中山大学杨中艺教授建议，政府管理部门以及科学界应加强对我国民众疾病负担中环境因素的研究，及时发现引起疾病的各种环境问题，并向公众披露。

（《南方周末》 2008年4月3日）

蛆橘漩涡中的广元旺苍

□《华商报》 孙强

这是一场橘子引发的恐慌——诱人的柑橘中，竟然蠕动着一条条白色的蛆虫。9月中下旬，四川广元一名果农发现了名为“大实蝇”的虫害；一个多月后，“千万不要吃橘子”的一条手机短信像一阵风一样吹开来，“蛆橘”疫情由此得以披露。

此时，中国消费者的神经早已被“三聚氰胺奶粉”折腾得脆如薄翼，一时间，不光是各地的柑橘滞销，甚至连长得像橘子的圆形柑橘类水果都遭遇“连坐”，无人问津。政府、媒体、果农，社会各界联手积极引导，试图把这场橘子引发的恐慌扭转成一次“拯救柑橘”的大战。

在这个时候，“蛆橘事件”的发源地、处在舆论漩涡中的四川旺苍，是一种怎样的情形？

张登超沿着坡地上的一条石坎小道慢慢走了上来。头发花白的他看上去很疲惫，长筒雨靴上满是泥，两手也沾着不少土。见到记者来访，他搓着手，半天没吱声，终于说出的第一句话却是：“不好意思啊……”

感到“不好意思”的老张，正是第一个报告发现柑橘里长蛆的人。

举报？不举报？真是一个难题

那是9月18日，61岁的四川省广元市旺苍县尚武镇新生村二社村民张登超，像往常一样去自家果园料理柑橘。这是一片早熟蜜橘的橘林。很快，老张就觉察到不对劲了——还有半个月才成熟的橘子，有的却已经变成了橘黄色，好像熟透了似的，有几个还掉落在地上。

老张捡起一个橘子，剥开，“心头当下一沉，叫了声‘坏喽！’”他看见橘瓣里有白色的蛆虫“一拱一拱的”。

张登超并不是个没见识的果农。从1984年起，他在旺苍县尚武镇农技站搞了18年水果种植技术。“专家、教授给我们讲过课，这个蛆虫叫大实蝇，它钻在果肉里吃饱了，像蚕一样蜷到个壳壳里，在土里过冬，春天变成蝇子。它狗日的有个肉针，扎到果子里产卵……就这么循环——危害起来可不得了！”

但老张没有当即报告给县上，除了他还有点拿不太准是不是大实蝇外，他的心里也打起了鼓。

张登超家有30亩果园，其中20多亩是柑橘。这片果园老张在上世纪70年代末曾承包过5年，他也因此成为改革开放后当地第一个搞联产承包的农民。老张说，那时水果销售不愁，驻陕的部队都来买过他的果子。后来，别人承包了这片果园，搞垮了，直到1997年，老张的大儿子再次承包，一下承包了20年。可是果树这玩意，不是当年投入就有产出的，小张干了几年，招架不住，把果园撂给了“搞水果还比较内行”的老张。

2002年开始，张登超在果园里种了柑橘、梨、桃、枇杷，“剪枝、打药，平常好辛苦哟！”几年后，橘树挂果，一公斤橘子1.6元，最高卖到3元，连同其他水果，每年收入万元不在话下。他还做起了贩卖果树苗的生意，今年他手里就有一万多株晚熟的椪柑（一种柑橘）树苗，“一株能卖2.3元”。

可现在，橘子里发现了蛆虫，一旦蔓延就不得了。“树苗你又卖给哪一个啊？一万多株苗子肯定砸在手里了……”老张说，“说实话，我有个思想斗争的过程。”他的老伴万仁莲说：“他回来给我摆（四川方言，说），举报吧，肯定影响别个（别的人）；不举报，全县都会有影响。”

最终，9月21日晚，张登超下决心拨通了旺苍县农业局总农艺师赵建新的手机。

事后，有人说早在老张报告前一段时间，就有村民发现橘子里生蛆了，不过不知道是啥，也没向政府报告。

这让张登超更觉得他打那个举报电话是对的。

宁可“冤枉”好果子　也不放过一个坏果子

第二天一早，赵建新和旺苍县植保植检站站长、高级农艺师何三美就进了张家的果园。一看，果园里发生的虫害果然是植物检疫对象——柑橘大实蝇。

对付这种虫害最直接的办法就是当即摘下虫果深埋。旺苍县有关方面随即安排专人“盯着”果农挖坑深埋虫果，防止疫情蔓延。

9月23日，老张在果园里一连挖了4个大坑，每个坑直径两米，深两米半，铺一层石灰、倒一层果子、再撒一层石灰，就这样埋了几百斤柑橘。

老张说，那时也分不清哪个是好果子哪个是虫果了，宁可“冤枉”一个好果子，也不放过一个坏果子。

张登超觉得“不好意思”，因为他的举报也“连累”了不少种柑橘的乡邻。新生村二社有20多户种橘子的，果子埋了十来个坑，最多的一个坑里埋了600多公斤。

旺苍县副县长殷扶炯介绍说，经过全面普查，旺苍全县有11个乡镇92个村439个社几百户的68217株柑橘树发生大实蝇虫害，占全县柑橘树总数的8.9%。全县销毁果实1252吨，其中蛆果12吨。

这么多即将成熟的果子被埋了，果农谁不心疼？有的果农有看法。本报记者到新生村采访时，遇到村里一个嫁到广元市元坝区的欧姓女子，她也赶着回来看看爹妈，劝说老人别着急上火。

62岁的李老妪是张登超的邻居，她家有100多棵橘树，往年年产2000公斤左右果子，每公斤卖1元到1.6元，一年能收入几千元。可是虫害来了，两家的果园离得又近，政府要求把虫害范围内的果子全都埋了。李老妪说：“平日，我打药、修枝累个半死……果子埋得好心疼呢！柚子树又没得虫，也摘下来埋啦。”她嘟囔着：“政府说一公斤给补偿0.3元，光是统计了，钱还没给。”

老张也说，一整年的辛苦不算啥，光是他家投入买农药的钱就1000多元，还没算请人帮工的费用。谁家不是这样啊？他心疼得似乎连叹气都忘了，良久，说了一句：“眼见银子化成水了。”

但这是没办法的事。老张心里很清楚，如果不采取措施，来年虫子更多，受害的还是果农。所以，虽然他的举报影响了很多人，但他自感问心无愧。

现在距埋果子已经一个多月了，老张家处在山坡上的果园里还能明显辨出几个大坑的痕迹，填土上长出了几丛新草。坑边就是几排一人多高的橘树，枝叶墨绿，却没了果实。

从发现虫害到如今，40多天了，张登超忙得不亦乐乎，连冬小麦都没时间种。他被通知到县上去了几次介绍情况。10月底之后，又被一家家闻讯而来的媒体问个不停。老张说，两天前，央视请他去北京做节目，从未去过京城的老张拒绝了。一下成了名人的他说“不好意思去”，说自己“羞死人了”。他喃喃自语：“我咋搞这么丢人的事呢？”转瞬，又觉得这话不对头，说：“（虫害）也不是我搞的啊！”

“蛆橘”疫情，影响着首个举报人张登超的生活，也让人口不到50万的川北旺苍县陷入舆论的漩涡。

并非柑橘主产区　偏偏出了“蛆橘”

发生疫情十多天来，赵文每天上班第一件事就是打开电脑，“蛆橘”疫情让他一天到晚在网上看个不停。

赵文是旺苍县委宣传部的工作人员。10月下旬，随着一条越传越远、越传越玄乎的手机短信，旺苍出现“蛆橘”疫情的报道随之见诸报端，越来越多的媒体来到旺苍，赵文负责接待，查验介绍信、记者证，并详细登记。

10月31日下午，本报记者见到赵文时，他刚刚点开电脑上百度的搜索网页，“旺苍”、“蛆橘”，一个个红色的关键词很显眼。办公室里，其他几名工作人员也正忙着写“关于全县柑橘大实蝇疫情防控情况”的汇报材料。

赵文说：“其实柑橘从来就不是我们旺苍的主要果木。”

这话张登超也说过。不是柑橘主产区，却偏偏出了“蛆橘”，引得全国注目，大量柑橘类果品滞销。追本溯源，似乎都算到了旺苍的头上——这让旺苍人有点委屈。

旺苍县副县长殷扶炯介绍说，现在旺苍的柑橘树是上世纪80年代农民自发种植的，主要分布在20个乡镇，全县才不过8000亩70多万株，常年产量6000吨左右，并不是很多。而此次出现虫害的柑橘树只占全县总数的8.9%。

殷扶炯说，发现柑橘大实蝇后，9月27日，县委、县政府召开了防控工作会议。10月7日，再次召开全县农作物病虫害防控会议，部署柑橘大实蝇普查防控工作。县农业局在疫情发生的乡镇各派驻了一名专业技术人员，在10月10日前，已将“蛆橘”发生区的虫果全部摘除、消毒、深埋。也就是说，在媒体10月底报道之前，疫情前期的防控处置工作已“采取了果断措施”。

白水、尚武、嘉川这3个镇，是此次旺苍发生大实蝇疫情的主要地区，3个镇也恰好处在旺苍县通往广元市的一条道上，而白水位于门户口上，旺苍县在这里设立了检查检疫点，由农业、林业、公安、交警4个部门派人24小时值班，严禁柑橘类果实、果苗向外调运。

旺苍县农业局工作人员杜柏林每天的工作，是在“柑橘大实蝇果品调运检疫联合检查记录簿”上登记，从9月29日到11月1日，记录簿一共记了26页，每页8行，200多辆出入旺苍的厢式货车逐一检查、登记。

杜柏林说，没有发现柑橘运输情况。旺苍的柑橘大部分属晚熟的椪柑类，要到11月底12月初才成熟。

只是“也没有人来贩橘子”。杜柏林无奈地笑了笑：“都不敢吃，还敢来贩？”旺苍县农贸市场里，县植保植检站也派人检查，严防虫果上市。新生村二社李老妪说：“政府不允许虫果到市场上去卖。想卖也没得卖了——果子都埋了。”

历史上，柑橘大实蝇这一危害柑橘的有害生物曾在四川造成过多年危害。旺苍县在上世纪90年代初也曾发生过，近年来“虫口密度压得很低”。为何今年突然发生疫情，目前还没有一个确切的说法。

但有一点是明摆着的：正是旺苍发生的大实蝇疫情被披露后，逐渐引发了大面积的柑橘类果品滞销。旺苍县委宣传部副部长陈凯生认为，是个别媒体不按疫情发布的法定程序，公布了疫情，而消费者本来就因三聚氰胺奶粉事件，对食品安全的信心不足，结果引得人们谈橘色变。

有舆论认为，旺苍出现的大实蝇疫情被推迟了一个月才公布。陈凯生说，除了农业部、省级农业厅外，其他人无权发布疫情信息，他们县委、县政府只能按规定程序和渠道上报。陈凯生认为，此前媒体的报道有夸大的地方，比如有媒体报道说“疫情暴发”，他反问：“‘暴发’是个啥子概念？”他对最近到旺苍来的媒体反复说“要正面报道”。果农张登超也说：“‘千亩柑橘虫害、万吨柑橘被埋’，哪有那么多嘛！”

在一份内部的《关于全县柑橘大实蝇疫情防控情况的汇报》材料中，旺苍县副县长殷扶炯说，疫情出现一个月后的10月23日，农业部多名工作人员到旺苍看了后，表示疫情“比预想的要小得多、好得多”。

但说到底，纷纷扰扰的“蛆橘”事件，让旺苍县此前从川南调运来、供应本地消费者的柑橘也卖不动了，更别说别的地方了，诸如湖北等柑橘主产地因滞销遭受的损失可以亿元计。

今年丰收了　却为卖果犯愁

虽然一度出现了大实蝇疫情，但今年旺苍的大多数柑橘却是个丰年。10月31日下午，本报记者探访此次疫情重点区域之一的旺苍县嘉川镇，在嘉陵江支流东江中的大中坝上的一个橘园里，不少碗口粗、树龄有十多年的椪柑枝条被累累果实压得低垂，一颗颗青果开始泛黄，再有不到一个月就该成熟了。

大中坝是在东江中围堰筑起的一个人工岛，有252亩橘园。记者在果园里走了一段，发现几粒落在地上的黄果，剥开细看，并未发现虫子。正在果园里的旺苍县农业局局长王怀成说，他们严格检疫了这片橘园，没有发现大实蝇虫害，落在地上的果子是个别提前熟透脱落的。

短短一个下午，旺苍县农业局总农艺师赵建新在这个橘园里接受了央视3个栏目的采访，他笑称自己“也成名人啦”。赵建新说，大实蝇疫情的防控还没完，深埋消杀只是第一步。接下来，在11月底到春节前后，还要深翻土地，让可能藏匿在土里的大实蝇虫蛹冻死。在明年春夏之交成虫产卵前，利用大实蝇趋糖性的取食习性，用敌百虫兑红糖水和醋，挂在罐里或者喷洒，诱杀成虫。如此连续防治两三年，争取消除柑橘大实蝇的危害。

果农张登超说：“要把它搞断种呢。”

灭除虫害似乎不太难，只是当下还有个难题摆在面前：即将熟透的橘子怎么办？

副县长殷扶炯在不久前的一次情况通报会上说：“柑橘果品的产值在旺苍整个农业总产值中不到1%，这次虫害对旺苍农业生产和农民收入的影响，是很小的。”

这个比率看起来确实很小，但具体到任何一户果农头上，却远不止1%。

嘉川镇石龙村一组村民杨兴菊等4户人家分着承包了大中坝果园，杨家有60亩，年产十几万公斤果子，去年卖1.6元一公斤，收入可观。今年果子结得特别繁。这些繁硕的果子压弯了枝条，也压在了杨兴菊的心头。“现在就担心卖不脱”。

旺苍县领导为了消除果农和消费者的恐慌，专门跑到果园里吃橘子，“当着农民的面放心享用”。这天上午，旺苍县委书记邓光志还在一个果农家买了几斤橘子。

可即将成熟的4800吨柑橘怎么卖出去？现在似乎谁也不知道。杨兴菊说，要是往年，来购橘子的外地老板早与他们联系了，“今年连个电话也没打”。

张登超不愿去想这些烦心事，他只希望自己早点忘了“蛆橘”的事情。

明年，老张准备换个果树品种，重新嫁接枝干，从头再来。

（《华商报》 2008年11月3日）

奶业潜规则

牛奶购销造假链条报告

□《凤凰周刊》 周宇

三聚氰胺事件划破了整个内地乳品行业的“脓包”。或许这个被挤破的“脓包”不只是有毒的三聚氰胺，而是内地制造“假奶”的潜规则。

2008年9月14日，韩城像往常一样赶着奶牛前往三鹿集团的奶站挤奶。但奶站通知，三鹿集团停产了，不再收购牛奶，挤出的牛奶由奶农自行处理。

韩城是河北石家庄附近南铜冶村的奶农，与其他村民一样，他家养的20头奶牛为石家庄三鹿集团股份有限公司（下称“三鹿集团”）供应牛奶。

通知对奶农来说几乎是灭顶之灾。这一天，韩城第一次听说三鹿集团“出事了”，同时听说的还有一种化工原料的名字：三聚氰胺。

9月15日，河北衡水农民吕薇也终于知道了三鹿奶粉的问题，她意识到，儿子张越的病症可能与长期食用三鹿奶粉有关。

第二天，张越被确诊为双肾多发结石。

9月11日晚，中国卫生部发布消息称，近期甘肃等地报告的多例婴幼儿泌尿系统结石病例，被高度怀疑与三鹿集团生产的婴幼儿配方奶粉受到三聚氰胺污染有关。

当晚，三鹿集团发布产品召回声明，承认市场上部分批次大约700吨三鹿婴幼儿奶粉受到三聚氰胺的污染。

从这一天起，三鹿集团陷入“毒奶粉”事件无法自拔，农民韩城和吕薇也在数日后被卷入其中，成为受害者。

三聚氰胺是一种化工原料，长期摄入可导致人体泌尿系统产生结石。但它的另一个功能是：能提高牛奶在蛋白质检测中的蛋白质含量指标。

忠实的消费者

三鹿集团是内地奶粉生产巨头之一，也是河北省、石家庄市重点支持的企业集团。2007年，三鹿集团销售收入超过100亿元人民币，并连续14年位居内地奶粉市场占有率第一。

吕薇就是三鹿的忠实消费者：儿子张越从小就只喝三鹿奶粉，直到半年前因为年龄的增长而停止。

吕薇称，自己几乎没有办法不选择三鹿：它是河北本土的老牌子，便宜的价格、良好的口感以及铺天盖地的广告，让她这样的普通农民几乎无法抗拒。

吕薇整箱整箱地买回三鹿奶粉，从婴幼儿奶粉到较大婴幼儿奶粉。每箱12袋，已经数不清买了多少箱。农村被认为是三鹿奶粉的销售重点。吕薇所在村庄附近商店的三鹿奶粉市场脱销。

此次婴幼儿肾结石集中爆发的甘肃省，情况亦是如此：与吕薇一样，许多甘肃农村家长也是成箱地购买一种批发价只要17.5元的叫做“慧幼”的婴幼儿奶粉。

奶粉畅销的结果是，截至2008年9月17日，甘肃累计临床确诊患儿多达1695名。

对吕薇来说，三鹿奶粉如今成了她痛苦的回忆。吕薇回忆说，儿子张越从小就出现一些病症：腰痛、肚子疼，有时候呕吐，有时候发烧，吃不下饭。

吕薇带张越去过多次医院，但始终无法确诊，医生也只能按照“肚子疼”去治疗。今年6月，张越的病症有了变化：尿液开始变得混浊。但吕薇不知道这到底是怎么一回事。

因为家境困难，吕薇家没有电脑，也没有有线电视。这使得她对于9月11日晚三鹿奶粉被曝光含有三聚氰胺的事一无所知。

直到9月15日，有邻居提醒吕薇，听说三鹿奶粉出了质量问题，张越是不是要去医院检查一下？

吕薇这才知道全国有这么多喝三鹿奶粉的婴幼儿已经患了病，再联想到孩子平时的症状，她顿时慌了神。

好在吕薇得知，家长带孩子去医院筛检费用全免，如果发现问题严重，还可以到上级医院就诊。这令她稍稍放心了一些。

9月16日，张越的检查得出结果：双肾多发结石。在外打工的父亲得知消息后也赶了回来。张家没有享受到免检筛检的待遇：挂号费以及120元的B超费照样交。

从这一天起，吕薇夫妇一直抱着孩子，辗转于各大医院。

被套牢的奶农

9月11日，并非是三鹿奶粉最早被怀疑与婴幼儿肾结石有关的日子。

据内地媒体报道，今年6月，内地有关部门已经出现了投诉三鹿婴幼儿奶粉的内容。进入7月，又有患儿家长向有关部门投诉。

9月8—10日，甘肃媒体连续报道了当地14名婴儿同患“肾结石”的事件，三鹿集团亦派人抵达兰州。

直到9月11日下午，三鹿集团依然声称，他们对投放市场的系列产品进行了检测，结果全部合格。但在当天晚上，情况发生了逆转：卫生部和三鹿集团的声明印证了许多人的担心。

吕薇对此颇为恼火：如果早点知道三鹿奶粉问题，儿子或许能早些得到治疗，少受些苦。同样恼火的还有韩城：他觉得自己选择养奶牛就像买了一只垃圾股，如今三鹿集团又令其彻底套牢。

2000年，韩城开始养奶牛。那一年，养奶牛受到政府鼓励，并提供三年免息贷款。韩城以1.5万元每头的价格买了20头奶牛，但第二年牛的价格就跌到1万元左右。

此后，韩城开始了忙碌的养牛生活。每天凌晨3时，韩城和妻子起床喂牛，一个多小时后，再将牛牵到奶站挤奶。这样的程序每天重复三次。

剩下的时间，韩城要给奶牛配制每天300多斤成分复杂的食物。韩城称，精心配比和干净的饲料能够令牛尽可能地提高奶量。

但这并不能令韩城的日子过得更好。

牛奶的价格一直在1元每斤左右徘徊，这让韩城一家只能勉强维持生计。8月底，奶站的人通知，9月的奶价会提高1角钱，这令韩城高兴不已。但随之而来的“毒奶粉”事件彻底击碎了提价的希望。

与吕薇相比，“毒奶粉”事件之后，韩城更多了一层委屈。

就在承认有奶粉被三聚氰胺污染的第二天，三鹿集团声明称，今年3月就已经收到相关投诉。

声明还显示，三鹿集团发现在6月中旬后病例开始增多，并且有住院治疗的情况。8月1日，三鹿集团已经确定奶粉中的三聚氰胺是发病的原因。

但声明没有解释为何8月1日就被确定的三聚氰胺直到9月11日才被公布。

不过声明还是得出了一个结论：不法奶农向鲜牛奶中掺入三聚氰胺造成婴儿患肾结石，不法奶农才是这次事件的真凶。

声明一度令舆论指向“不法奶农”。此间的媒体报道也称，警方已经开始抓捕添加有害物质的不法奶农，追究其法律责任。

但包括韩城在内的大多数奶农此时尚不知三鹿奶粉出了问题，甚至念不全“三聚氰胺”这个名字。

两天以后，韩城卖不成牛奶了，才得知奶农被指责为往牛奶里添加三聚氰胺的幕后黑手。韩城感到三鹿集团的说法很荒唐：牛奶被挤出来以后，奶农并没有接触它的机会。

除了喂牛，韩城唯一能做的就是把奶牛牵到统一的挤奶站。看着奶站的机器挤出牛奶并通过管道和奶泵进入冷藏罐，然后再把牛牵回家。

疯狂的“假奶”

事实上，奶农并未遭受调查，三鹿集团的表态也很快遭到业内人士的质疑。警方的调查重点迅速集中在石家庄全市各牧场、奶牛养殖小区和挤奶厅的经营者身上。

41户经营者被发现有掺入三聚氰胺的重大嫌疑。随后的大规模清查中，一批含有三聚氰胺的物品被查获。

仅仅3天，已有78人被传唤，其中18名牧场、奶牛养殖小区、挤奶厅的经营者被刑事拘留。

警方调查称，涉案者向原奶中添加三聚氰胺的目的，是为了提高原奶中的蛋白质检测指标，从而谋取非法利益。

奶站经营者王起福认为，警方的调查或许是一个正确的方向，但三聚氰胺并非问题的全部。王起福也经营着一家奶站，收购奶农的牛奶，然后卖给三鹿集团，他对内地牛奶收购环节的造假史了如指掌。

每100斤牛奶加入20斤水，再添加植脂末、蛋白粉、胡精，勾兑出“假奶”，成为奶站经营者多年来常用的造假方式。

2005年之前，奶农大多在自己家里挤奶。此时的奶农、收购牛奶的贩子、奶站、生产企业等所有的环节都可能有勾兑“假奶”的机会。但在2005年前后，河北省开始逐步实行如今的集中挤奶制度，所有的奶牛都被要求到奶站统一挤奶。

这令奶农和奶贩子都被排除在造假的环节之外。而众多的奶站则延续了勾兑“假奶”的行为。但王起福称，如果大家都能坚持以前“假奶”的勾兑比例和配方，也还是不会产生如今这么严重的后果。

但王所遵守的“行规”在事件发生前的一段时间，因为需求量的增大而显得越来越不合时宜。一些奶站的经营者在牛奶中掺假的比例越来越高，用来制造“假奶”的材料也越来越有害：用来保证假奶中蛋白质含量的植脂末被舍弃，替代品是成本低但同样能被检测出蛋白质含量的尿素。而另一些人则干脆在牛奶中添加成本更低的三聚氰胺——这种化工原料的含氮量比尿素还高。

除此之外，被造假者添加进牛奶的东西还有很多。

添入火碱可以避免牛奶被检测出已经发酸。牛尿也被一些人直接用作“假奶”的主要成分：它不像自来水那样含有残存的消毒药物，也不像地下水那样含有大量的矿物质——这些都会很容易被检测出来。

王起福称，用牛尿冒充牛奶的方法最不容易露馅：3吨牛奶中加入上百斤牛尿，是很难被识别出来的。

但牛尿也不完美：加了牛尿的牛奶细菌含量会超标。王起福称，解决这个问题可以继续用“加法”：比如一罐2.5吨掺了牛尿的牛奶里，倒进3—5瓶100毫升的双氧水，细菌含量就会减少。

王起福称，这些在行业内早已不是秘密的五花八门的添加行为从2007年夏天开始显得有些失控了。

一个奇怪的现象是，在河北省一些同时有多家乳品企业收购牛奶的地区，一些牛奶生产企业开始以低于市场价的价格收购牛奶，但很多奶站反而更愿意把牛奶卖给这些企业。

王起福称，这是因为那些和收购与检验人员搞好关系的人，可以在牛奶里掺杂更多的“假奶”，数量上几乎不受控制。

但“毒奶粉”事件之后，9月16日公布的大规模检查结果显示，不清白的远远不止三鹿一家。

109家内地婴幼儿奶粉的生产企业中的22家，产品被检出了含量不同的三聚氰胺。蒙牛、伊利、雅士利等一线品牌都未能幸免。

9月18日，质检总局再次开展全国液态奶三聚氰胺专项检查。此番检查中，蒙牛、伊利、光明等品牌也被测出含有三聚氰胺。

三鹿“毒奶粉”事件无意中撕开了一个窥探内地乳品行业秘密的窗口。

王看到一些报道称，三聚氰胺事件挤破了整个乳制品行业的“脓包”。王认为这或是件好事，但他希望这个被挤破的“脓包”不只是有毒的三聚氰胺，而是制造“假奶”的潜规则。

1100道检测关

警方在持续展开侦查行动。

截至9月18日，已有18人被批准逮捕，其中包括奶站、牧场、挤奶厅的法人代表、经理、负责人12名，非法销售三聚氰胺的人员6名。

当天，河北省警方还宣布成立专项行动领导小组，在全省统一开展为期10天的行动打击在原奶中掺杂三聚氰胺等有毒有害物质的违法犯罪活动。

尽管警方的侦查一直指向牛奶的收购环节，但仍有内地媒体援引专家观点称，不能排除三鹿集团自己添加三聚氰胺的可能。卫生部则表示，对于三鹿集团是否在生产环节也添加了三聚氰胺的问题，联合调查组正在调查，此前，严格的质量检测一度是三鹿集团宣传的重点。

2007年9月，内地一期电视节目以“1100道检测关的背后”为题详细描述了三鹿集团采购奶源、检测与生产的复杂过程：

从奶牛基地开始，每个进入养殖场的人都必须被紫外线照射杀毒5分钟，奶农则佩戴着健康证。

每天固定的时间，奶牛被赶到机械挤奶厅，用机器挤出的奶立即用奶泵送到储藏罐降温保存，再用配备恒温罐的运奶车运走。

此后，送奶车送来的牛奶被抽样检测新鲜度、蛋白质、微生物含量、药物残存量等指标。

三鹿集团乳品三厂综合实验室工程师面对电视镜头，演示了如何测出牛奶里被加入了“不干净的水”。

牛奶样品里加入测试亚硝酸盐的试剂，摇匀后奶的颜色变成了粉红色，显示亚硝酸盐超标。这表示牛奶里被加入了不干净的水，或是微生物细菌总数超标。

节目中，一车鲜牛奶因为亚硝酸盐超标被拒收。被拒收的牛奶最终被倒进槽里喂猪。

电视节目中，物理、化学、营养指标等项目全部合格的牛奶，还要接受进一步的体细胞含量检测：体细胞含量过高的牛奶中仍会有残留的致病菌。

经过33个项目的检测，所有指标全部合格的牛奶才会被三鹿集团收购。这一检测过程在“毒奶粉”事件之后被王起福称为是个“笑话”。

三鹿集团公布的数据称，问题奶粉数量高达万吨。王起福计算，制造这些奶粉大约需要消耗8万吨牛奶。

王起福坚称，与被宣传为难度很大的三聚氰胺检测不同，鉴别真牛奶或是假牛奶本身并不需要复杂的工序，甚至任何一个中小企业都能轻易做到。据此，王起福认为，如此庞大数量的牛奶被掺杂了假奶而不被发现，没有厂家的配合几乎是不可能的。

事实上，上述复杂的化验过程在王起福交奶的时候是存在的，但也发现，有些奶站经营者送去的样品检测过程则比他们简单许多，尽管他们早已是闻名的造假者。

这些造假者的样品通常只会被测量营养物质的含量，这保证了假奶的顺利过关。之后，造假者就能顺利拿到检验小票，有些小票甚至是事先打印好的。

于是，假奶和真奶一起，顺利进入公司的生产系统，共同制作成奶粉等乳制品。

而在上述电视节目中，三鹿集团的检测甚至远远不止几十道。三鹿集团副总裁王玉良称，生产婴幼儿奶粉的检测项目加起来超过1100项。

1100次检测成了三鹿集团的骄傲。但在半年之后，三鹿集团被抽样的11种婴幼儿奶粉中却全部发现三聚氰胺，并且含量远远高于其他21个同样被查出来的品牌奶粉。

其他21个品牌奶粉被检出的三聚氰胺含量在0.09—619毫克/千克之间。

但2008年7月2日生产的三鹿慧幼Ⅱ较大婴儿及幼儿配方奶粉，三聚氰胺含量高达2563毫克/千克，名列检验报告榜首。

官场地震

强烈的反差令三鹿集团遭受了更加强烈的质疑，尽管它一再强调凶手是奶农或是奶站经营者。

9月18日，三鹿集团本身成为调查重点之一的迹象开始显露。

当天河北省政府的新闻发布会称，三鹿集团原党委书记、董事长、总经理田文华被刑事拘留。同时，警方已进入三鹿集团，对企业内部存在问题立案调查。

这一天，吕薇夫妇正抱着张越，在河北省某医院与院方激烈地争吵，因为这家医院拒绝收治她的孩子。

此前，张越已经遭到两家医院的拒绝。医生的唯一建议就是让张越回家，并且多喝水。

吕薇对此感到十分愤怒：张越停奶已经半年，都已经喝了半年的水了，但症状从未得到缓解。

电视上说，情况严重的患儿可以到上级医院接受治疗。吕薇夫妇于是抱着吃不下饭、走路都困难的张越，来到省城医院。

医院的院子里满是抱着孩子排队检查的家长。吕薇被告知，要想检查，需要排队等到6天以后。

张越的父亲于是拿着衡水二院的超声影像报告单找到医生，想让医生知道儿子已经病得十分严重。

报告单上写着，双肾多发结石。左肾结石最大0.4厘米×0.3厘米，右肾结石最大0.4厘米×0.2厘米。但省城医生给出的解决方案和衡水没有区别：拒绝收治，建议回家多喝水。

医生告诉他，结石在4毫米以下的都不算严重。张越的结石虽然达到4毫米，但还没有超过4毫米，所以不算严重，不用住院治疗。

张越的父亲继续告诉医生，孩子尿液混浊，吃不下饭，并且发烧，但仍然没有打动医生。

9月18日，石家庄市原市长冀纯堂辞职，成为又一名因为“毒奶粉”事件而下台的官员。在冀纯堂失去官职前，石家庄分管农业生产的副市长张发旺、石家庄市畜牧水产局局长孙任虎、石家庄市食品药品监督管理局局长并党组书记张毅、石家庄市质量监督局局长并党组书记李志国分别被免职。

密集的官员去职，令“毒奶粉”事件的处理越来越像是一场官场地震。但这场地震对吕薇来说一点不重要。吕薇不指望当地声称的免费治疗，她只希望在儿子病情恶化之前，有医院愿意治疗。

韩城倒是知道石家庄官场的变动，但他也没有心思去多想。牛每天都在产奶，韩城每天还要牵着牛去奶站把奶挤下来，然后直接倒进奶站的下水道。

但如今奶站不再允许奶农往下水道里倒奶了，说是每天数吨奶倒进下水道会污染奶站的环境。韩城只得把挤出来的奶再拉回家喂牛、喂猪、喂猫，剩下的倒进地沟。

牛奶，韩城每天都在往外掏钱：小牛犊一天能吃10斤料，产奶的牛一天能吃20多斤。20头牛，每天光草料就要吃掉接近400元钱。

最糟糕的是，韩城目前还看不出，这件事何时是个尽头。

9月18日的新闻发布会称，为保护合法奶农利益，政府积极与外地乳制品加工企业沟通协商，已经与伊利、蒙牛、光明等乳品生产企业签订收购协议1076吨，并增加了其他乳制品加工企业的生产能力，基本消化了因三鹿集团停产导致的市场余量。

但韩城目前得到的通知依然是给奶牛停奶。

韩城很生气，奶牛产奶不是自来水阀门，说停就能停下来的。况且停奶后的奶牛，很难再恢复先前的产奶量。

绝望的情绪一度在村里蔓延，有人坚持不住了。

村里开来了杀牛的车，一车8头牛，一连几天每天有三四车奶牛被拉走杀掉——这是当地屠宰能力的极限。

一头原本价值1万多元的奶牛，杀掉后牛肉可以卖得2000—3000元钱。

韩城舍不得把奶牛杀掉。但如果有其他养牛户愿意买，他倒是愿意考虑把奶牛卖掉，改行养猪。

（《凤凰周刊》2008年第28期　2008年10月5日出版）

数字调查

黄光裕迷雾

一个充满瑕疵的首富故事戛然而止

□《财经》 于宁 李箐 罗昌平

三度加冕首富，两次被警方调查，39岁的黄光裕留给外界的是一系列谜团。

2008年11月19日晚间，“内地首富”黄光裕因涉嫌经济犯罪被北京警方带走调查。11月26日晚，黄光裕的胞兄、新恒基集团董事长黄俊钦及中关村科技发展（控股）股份有限公司（深圳交易所代码：000931，下称“中关村”）董事长许钟民亦因涉嫌经济犯罪被调查。

11月28日下午，中国证监会在新闻通气会上披露，黄光裕旗下的北京鹏润投资有限公司（下称“鹏润投资”）在对两家上市公司（中关村和三联商社）进行资产重组的过程中，“有重大违法行为，涉及金额巨大”。

证监会的通报为黄光裕涉案由头提供了合理解释，但市场并不满足于这一简短描述，关于黄光裕涉案原因的各种版本仍在坊间流传。

这显然是黄光裕的草莽行迹所致。黄光裕从一文不名到坐拥国美电器（香港交易所代码：00493）和北京鹏润地产控股有限公司（下称“鹏润地产”）两大巨型企业，发迹过于传奇，因而其“第一桶金”从来就备受质疑；国美电器与鹏润地产的双栖经营模式，其现金流使用和财务状况往往引发疑虑；近年来黄光裕在香港和内地的资本市场大胆操作，亦广受关注。

更离奇的是，2006年公安部门根据审计署审计材料对黄光裕进行过历时半年的骗贷、偷税调查，最终骤然结束，黄光裕安然脱险。

这样一个充满瑕疵的首富故事，自然会引发市场关于各种潜规则的猜测。再加上“国美系”涉及20多万员工及数百亿银行贷款，如一位接近调查组的人员所称：“要综合考虑社会效应、经济效应和法律效应。”黄光裕案最终将集中于哪些违法事实，如何审理，显示出很大的弹性空间。

纵如此，此次黄光裕涉案，毕竟已有官方宣示中关村重组案及早年贷款案。对于这两件事的调查和处理，势将左右黄光裕案的最终走向。

调查始末

“不能说黄光裕案发完全是因为我们查的这两个案子，但是肯定与我们的移交有关。”证监会稽查总队的一位人士告诉《财经》记者，“就像你抓住一个酒后驾车的人，后来又发现他是个逃犯。”

黄光裕被查的第二天（11月20日），各种消息便在坊间流传开来，从行贿商务部条法司巡视员郭京毅到结交最高人民法院副院长黄松有，从骗贷、逃税到非法换汇，甚至有传闻称黄光裕因赌债未还而落网，但均未得到证实。

在一定程度上，上述传闻恰恰连缀起了黄光裕的复杂身世。

黄光裕1969年5月出生在广东汕头的后岐村，家境贫寒。1986年，17岁的黄光裕北上经营电器销售，仅仅十余年间就从一家门面店走向全国，其原始积累至今成谜。

从1996年起，黄光裕开始涉足房地产业。2000年间，黄光裕结识了汕头老乡、有香港“壳王”之称的詹培忠，开始涉足资本市场。黄光裕最终在2004年使国美电器在香港借壳上市，他也一跃成为2004年“中国首富”。

熟悉黄光裕的人，多称许其精明、大胆、顽强，每天工作16个小时以上，但同时多对其“路子野、下手黑”的作风存有疑忌。黄光裕喜欢结交潮汕人，包括黄松有、许钟民在内都因同乡之谊而熟络。此外，多位商界人士向《财经》记者证实了黄光裕在商业行为上“生性好赌”的特点。

综观黄光裕的创业生涯，可谓无处不惹风波，无往不涉是非。这也是其一朝案发之后，人们甚至难以推断究竟祸起何处的缘由。

事实上，黄光裕接受警方调查这一消息本身，也花了超过一周的时间才得到了官方证实。

11月23日（周日）晚，财经网（www.caijing.com.cn）首发了黄光裕因操纵股价被调查的消息。11月24日上午11时，国美电器发布了语焉不详的公告，称未接到黄光裕被调查的法律文件。同日，国美电器发布了亮丽的三季报，但取消了原定于当晚召开的分析师电话会议。

11月27日，北京市公安局首次证实黄光裕因涉嫌经济犯罪接受警方调查。

11月28日，国美电器公告称，黄光裕及周亚飞被调查，已委任执行董事兼行政总裁陈晓为董事会代理主席，并成立一个特别行动委员会，密切监控并评估调查黄光裕对集团财务状况及营运所造成的影响。

当天下午，中国证监会在每周五下午召开的例行新闻通气会上，与会记者意外地见到了证监会稽查局局长刘洪涛。随后，证监会有关官员向记者通报："2008年3月28日和4月28日，证监会对三联商社（上海交易所代码：600898）和中关村股票异常交易行为立案稽查。调查中发现，在涉及上市公司重组、资产置换等活动中，鹏润投资有重大违法行为，涉及金额巨大，证监会已将有关证据移交公安部门。鹏润投资的实际控制人为黄光裕。"

然而，由于黄光裕起家复杂，牵连太广，即使相关调查部门也不能确认公安部门最先拾起的是哪根线头。据财经网记者最先了解的消息，调查确与其兄控制的ST金泰（上海交易所代码：600385）股价异动有关，但后来证明情况要错综复杂得多。

"不能说黄光裕案发完全是因为我们查的这两个案子，但是肯定与我们的移交有关。"证监会稽查总队的一位人士告诉《财经》记者，"就像你抓住一个酒后驾车的人，后来又发现他是个逃犯。"

《财经》记者获悉，在北京奥运会结束之后，公安部即直接督办，指定北京市公安局经侦处牵头组建了专案组。在为数不少的涉嫌证券罪案中，黄案之所以引起特别关注，与此案及本人身份带有"典型性"相关。

在证券监管部门移交后不久，公安部门即对黄光裕采取边控措施，限制其出境。到今年国庆节开始，北京市公安局对黄光裕本人及鹏润投资进行立案侦查，初查工作一直低调隐秘。

11月19日，北京市公安局将黄光裕带走，随后以涉嫌操纵证券市场罪，对其采取监视居住的强制措施；11月26日，以涉嫌操纵证券市场罪对黄实施刑事拘留。在黄光裕案调查突破之后，11月26日晚，其兄黄俊钦和他委任的中关村董事长许钟民亦被正式调查。

贷款案余波

在黄光裕一端，2006年调查事件则被其归咎于"缺乏背景"，此后便着力于编织背景

黄光裕再度受查，另一个绕不开的由头，是2006年公安部门对其早年贷款的调查。事实上，那次调查对于黄光裕日后的行为有着极为深远的影响。

2006年国庆前夕，公安部启动了对黄俊钦私人拥有的地产公司“新恒基系”的立案调查，查封其全部资产；曾先后效力于黄氏兄弟的“新恒基系”最高层于星旺等人被逮捕。早前，银监会也对“新恒基系”及黄光裕所控“鹏润系”的整体银行贷款和负债进行摸查，包括黄氏兄弟在内的29人以及两系旗下的39家公司，被列入摸查名单。初步官方调查结果显示，至少有13亿元的问题贷款在鹏润和新恒基之间密切流动，最终流向境外，形迹可疑。

在此之前，2006年审计部门对中国银行审计中发现，黄俊钦、黄光裕兄弟早年创业期间向北京中行的违规贷款和其后以租房形式向北京中行套取的逾亿元租金，以及之后的虚假房贷和车贷，总计达到13亿元，其中4亿元一直未还本付息。2006年国庆前夕，北京中行原行长、中国银行原董事牛忠光因此案被捕。

除却贷款中的违规行为，4亿元未还本付息的贷款成为黄氏兄弟的硬伤。2004年，北京中行在不良资产剥离中，将黄俊钦兄弟历年来以其他公司名义贷出的部分贷款，明确至鹏润和“新恒基系”公司的名下，列为可疑类资产。这部分贷款总计4亿余元，随中国银行的整个不良资产包出售给信达资产管理公司，以账面资产23%计价。

2005年，信达将上述4亿余元不良贷款单独打包出售。四家竞标者中，有两家公司与黄俊钦兄弟密切相关，有消息说其法定代表人均为其母亲。其中一家公司以账面资产40%的价格中标，据称中标价与标底相差无几。然而就在交易手续接近办妥之时，银监会予以否决。

2006年5月，信达再次公开招标出售北京地区不良资产包，在其中一个账面资产总计15.28亿元的资产包中，再次包含了上述4亿余元不良贷款，并在公告中直陈为“以某一从事房地产开发和商业零售业的企业集团债权为主”。

“一旦他们以四折价顺利购回这个资产包，就等于用一个多亿抹平了四个多亿的问题贷款，不会再被追债了。”中行信贷部门一位经理人员曾告诉《财经》记者。

这4亿多元不良贷款，以及相关偷税事件，成为2006年秋季公安部门调查的主要内容。不过，出乎意料的是，2007年1月，国美电器公告称，公安部针对黄光裕及其间接持有的鹏润房地产公司的“协助调查已经正式撤销”。

嗣后，黄光裕也曾接受《财经》记者采访，声称这一切不过是商务法律纠纷，最后相关贷款已经结清。

黄光裕的“2006之劫”如何完结有着多种版本，亦产生了多重后果。较为普遍的说法是黄光裕最终从香港调来巨额资金，弥补了贷款窟窿，并交纳上亿元的逃税罚款；在平息这一事件的过程中，黄在调取资金时涉嫌非法换汇，而此行为亦被有关部门发现；更重要的是，黄光裕从此进入公安部门视野，由于其贷款创富中的种种情节并未受到法律处置，为今天的进一步调查埋下了伏笔。

在黄光裕一端，2006年调查事件则被其归咎于“缺乏背景”。一位与之相熟的香港企业家告诉《财经》记者，此后黄光裕开始有意识地经营背景。其步骤之一，还包括以150万元在香港购入一本中文月刊《红色资本家》，以图“形成自己的声音”。但黄光裕在付款后并未正式接管杂志编辑运营。据信，这本杂志在2007年中已经停刊。

事实上，在2006年黄光裕染指“中关村”重组时，亦夹杂了这一意图在内。中关村包袱沉重尽人皆知，远非借壳上选。但中关村作为北京市曾经着力培育的科技股，蕴藏着丰富的人脉资源，在一定程度上满足了黄光裕的战略意图。

孰料，资本市场风高浪急，中关村静水流深。曾经在香港市场如鱼得水的黄光裕在投入以10亿元计的资金后深陷泥潭，不仅公司重组、资产置换未遂，二级市场上的违规操作更是授人以柄。

中国公司借壳上市的关键在于整合相关各方利益，有赖于“天时地利人和”。然而，黄光裕在中关村上未能也无力做到利益整合。2008年8月，中关村董事会宣布放弃以地产业务重组中关村的计划，在业内人士看来，此即意味着利益整合失败，其被引爆的命运也就不足为奇了。

中关村泥沼

以虚高资产换虚高股价的资产置换方案，最终未能在中关村实现

中关村成立于1999年6月2日，以北京市住总集团为发起人，曾经是北京市着力打造的以科技为主的上市公司。然而由于2000年卷入CDMA网络投资担保业务，背上了高达30多亿元的担保债务包袱，此后一直为化解这一历史负担而挣扎。

这一情境在2006年3月底出现转机，当时中关村高达31.2亿元CDMA担保问题获得五部委批文，有望解决。在这一背景下，2006年4月4日，北京市住总集团与黄光裕旗下的北京鹏泰投资有限公司签署了15%的股权转让协议，每股作价0.78元，略高于2005年的每股收益0.74元。

此交易的经办律师邹晓春曾在交易完成后对媒体表示，当时只花了三个月就完成了这笔交易。此后，鹏泰投资在收购北京住总和其他小股东股权后，获得了29.58%的股份。另外两个有实质影响力的小股东分别为四通董事长段永基、京文唱片传播有限公司董事长许钟民；前者是中关村承上启下的关键人物，后者为黄光裕潮汕同乡，关系非同一般。有消息称，许钟民广有人脉，在2006年为平息黄光裕的贷款调查事件出力颇多。

黄光裕的介入，给市场以强烈的重组信号。第一次签约后，中关村的股价连续三个涨停。

在此之前，黄光裕有着成功借壳港股、利用资本市场打造国美电器的经验，因而急于在其地产板块上复制这一财技神话。

2006年和2007年也是上市暴富者的“黄金时代”，苏宁环球、碧桂园等融资故事有着强烈的示范作用。黄光裕借壳中关村、置入鹏润地产的故事自操作之初便尽人皆知。据悉，段、黄二人的合作谈判异常顺利，40分钟就谈定了这笔交易。

此后的重组进展却坎坷不断。黄光裕除了买壳，还付出近10亿资金与银行达成债务和解，购买中关村资产使其达到股改时承诺的每股收益。尤其是CDMA担保纠纷，直至2007年底才达成解决方案。

更糟糕的是，由于担心股价继续上扬，2007年9月28日，中关村在14.76元的高价停牌，以锁定重组成本。孰料此后A股价格如瀑布般下跌，黄光裕势成骑虎。

今年5月7日，中关村复牌后公布了180亿元的地产注资计划——中关村向控股股东鹏泰投资及一致行动人以14.67元/股非公开发行12.27亿股（总计180亿元），用于收购鹏润地产。中关村股价当日收于16.24元，5月8日达到17.80元的最高价，这意味着在资产置换过程中，黄光裕的置换成本已较2006年初翻了4倍到5倍。

这一重组方案对买方和卖方都不合理，因而注定难以成功。一方面，复牌之后中关村的股价迅速下滑，8月底已跌破5元，然而黄光裕在置入资产时仍需按停牌前的均价换股，代价过大；另一方面，市场普遍认为，即将注入的鹏润地产的价值被远远高估。

鹏润地产2007年的总资产为34.8亿元，净资产为21.4亿元，用收益法评估竟然高达180亿元，而且大部分是可售的住宅。资产评估过程中，2008年的预计市盈率超过40倍，全部资产包的市净率高达9倍。

一位投行人士向《财经》记者分析称：“黄光裕的一个上市原则是，必须对公司具有绝对控股权，即控股66%以上。因此他的目标是至少认购中关村12亿股新股，因而所需注资资产估值必须要达到180亿元，然而鹏润地产几个项目的估值最高不可能超过100亿元。”

这一以虚高资产换虚高股价的方案，常人很难付诸实施。但在分析人士看来，黄光裕这一做法和当初他以鹏润大厦的三间物业置入京华自动化（国美电器前身）来换取股份如出一辙。

尽管黄光裕敢想敢为，但由于土地市场一落千丈，所注资产的水分明显，中关村董事会最终也未接受他的重组方案。今年8月28日董事会决定放弃该重组计划，并按规定三个月内不再提交新的重组计划。

延宕两年，总投入近10亿元，最终损失的不只是黄光裕本人。一方面，地产借壳计划被否，一切都须推倒重来，中关村已然笃定的利益格局必须重构，原来的历史包袱需要进一步的题材才能真正完全化解。然而黄光裕利用旗下资产重塑主题的空间已然不大。在当前形势下，地产概念短时间已无可能唤起市场信心，而倘若注入国美电器，不仅对于黄光裕而言代价过于高昂，而且此前并无红筹回归A股的先例，有着几乎难以逾越的法律障碍。

另一方面，据中关村内部人士称，黄光裕高调重组的同时，在二级市场频繁操作，而与之结伴牟利的资金多颇具背景。由于中关村重组历时过长，其间资本市场恰恰出现了大起大落，外界无从获悉合作方的输赢情况。不过，在证监会和公安部的调查之下，这些裙带资金都会受到株连，这也是黄光裕的另一条可能的取祸之道。

市场操纵之祸

既重组又炒股，炒股的收益最好能弥补重组成本，这是一种典型的“空手道”的思维模式

关于黄光裕的二级市场操作，业界多有传闻，尤其由于国美电器的销售利润极薄，难以支撑上市公司的业绩。市场普遍猜测，黄光裕“资本帝国”的秘密就是，占用国美电器供货商的流动资金，在高回报的股票市场和房地产市场获利。

“黄光裕曾经自诩可以提供大规模的短期融资，不过一定要限定在三个月之内，超过三个月就不行了。”一位与黄光裕交往颇深的市场人士回忆称，三个月正是占用供应商应付款以及商业票据的期限。

由于案件仍在调查之中，黄光裕如何在中关村和三联商社等股票上违规，尚不得而知；他是否及如何介入ST金泰案，也未完成取证。中国证监会一位中层官员对《财经》记者分析称，据其观察，当前证券市场坐庄的办法已经不是通过简单的大笔对敲、炒作或者放消息等手法拉抬股价，而是在重组前以极低的成本进入，之后力促重组成功，从而引导股价的上涨。“这些人一般都把账户打散，而且在二级市场操作并不频繁，因此有时候看不清楚是否有庄。”

“2005年冬天就有人告诉我，中关村已经找到新的买家，并建议我买入，但当时谁会为这样一个消息就去炒这个烂公司呢？”一位投资界人士回忆称。

中关村总股本为6.75亿股，流通盘为3.75亿股。通常而言，坐庄要获得至少三分之一的筹码。但市场人士称，重组之后又赶上大牛市，投资者对黄光裕来重组又充满期待，所以股价顺势上涨是比较轻松的事。从盘面上看，中关村的换手率并不高，可能拿1亿股就能控盘，成本也就在5亿元左右。

一位基金经理就认为：“中关村的走势比较奇怪，看上去有庄，但是做得很慢，也不猛拉，估计是庄的成本较低。”在他分析看来，黄光裕购买中关村2亿法人股的成本是每股0.78元，最迟2010年即可流通；如果重组后股价拉升至10元，就可轻松赚取20亿元。“既重组又炒股，炒股的收益最好能弥补重组成本，这是一种典型的‘空手道’的思维模式。”

从黄光裕2006年4月开始入股中关村起，其时中关村的二级市场股价约在2.50元左右，到2007年9月28日，股价大涨至14.76元。之后，中关村开始停牌，到今年5月8日复牌后，中关村股价最高曾达到17.80元，涨幅超过600%，严重脱离同期大盘走势。

除去中关村，在11月28日中国证监会的通气会上还提到了另一只股票——三联商社。

2008年2月14日，黄光裕假借山东龙脊岛建设有限公司，通过竞拍，获得山东三联集团持有的三联商社2700万股，成为该上市公司第一大股东（10.69%股权）。3月4日一复牌便公告国美电器间接控股，三联商社连续涨停，价格一路从2月5日的8.80元上涨至3月12日的17.98元。市场人士认为，如果前期有所埋伏，获利应该不菲。

市场操纵和内幕交易在中国股市里司空见惯，监管者惩戒力度远远不够。即使最终落实证据，根据《刑法》亦非重罪，情节严重者也不过三到五年。

无论如何，黄光裕案目前浮出水面的不过是冰山一角。由于中国民营企业家成长的特殊环境，黄光裕发展过程中的是非曲折，恐难一一深究，全部真相近期亦难获大白。

在黄光裕接受调查之后，有关当局一直有意将黄光裕本人与拥有20万员工的国美电器区分开来。这与今年10月刚刚获刑的前北京物美商业集团股份有限公司张文中案的处理，有异曲同工之处。截至目前，任命了新执委会的国美电器已日渐恢复平静。

不过，国美及其品牌究竟在多大程度上已经印上了首富黄光裕的印记？这一印记将以什么样的方式影响个人和企业的命运？人们还在持续观望中。

（《财经》记者杨彬彬、季敏华、乔晓会、张冰、肖华、王姗姗对此文亦有贡献）

（《财经》总第226期　2008年12月8日出版）

浙江网络赌博玄机

□《瞭望东方周刊》 黄柯杰

现在有了CDMA等无线上网的设备，如果宾馆太狭窄，也可以分散经营，用车子拉上电脑，到野外找一个偏僻的仓库，派几个人守在路口，玩一天都没关系

11月12日晚6时左右，浙江杭州市滨江区的一条马路夜市上，一辆摩托车缓缓开来，车上跳下两个年轻人。一个从背包里拿出一台笔记本电脑，摆在随身携带的小马扎上，打开电脑，再从旁边的小摊接通了电源。另外一个从包里拿出一张喷绘的广告纸摊在地上。

10分钟后，周围许多逛夜市的民工，甚至周围的小摊贩，纷纷向这台闪着蓝光的电脑靠拢。30分钟后，这台小小的电脑周围，已经聚集了20多人。

“估计已经开张了，我去看一下。”在离小摊不远的小饭馆吃饭的王坤已经坐不住了，撇下正在吃的面条，从口袋里摸出最后的20元，挤进围观的人群。大约15分钟后，王坤垂头丧气地回到饭馆，与本刊记者一起继续吃面条，王坤的20元输掉了，“连押了两把，就是没碰到运气”。

王坤，江西新余人，来浙江打工已经有六年，从2008年6月起，被一种叫做皇家轮盘三代的电脑赌博游戏所迷惑，“今年已经输了万把块了，再玩下去要倾家荡产了，我再也不玩了”。这是他刚进饭馆见本刊记者时的誓言，但是，不到半个小时，他还是把兜里仅有的钱输掉了，那些钱，他本来是给六岁的儿子买感冒药的。

与王坤一样，浙江有很多外来务工人员沉迷于这种电脑轮盘赌博游戏，或在街头，或在宾馆和民宅里。

这种兴起于广东的电脑游戏，通过现场现金押注、现场兑奖的方式，吸引着很多外来务工人员和年轻白领。王坤所玩的只是街头游戏，相比宾馆里的VIP轮盘游戏，也只是小儿科而已。

那些输钱的人

11月11日下午，本刊记者送刘江辉来到杭州东站。这个输光了所有积蓄的湖南汉子，与其他返乡的民工一起，扛着棉被准备回到湖南怀化老家。

在此之前，与本刊记者的接触中，这名高级技工嘴里说得最多的话就是："回家去戒赌，重新做人。"

今年28岁的刘江辉是杭州萧山一家汽车修理厂的修理工，做着一份让同乡人感觉体面的工作。有着10年汽车修理经验的他，专门维修日系车辆，由于他常常能排除本田车的高难度故障，被同事称为"本田专家"。

2007年底，汽车修理厂为留住他，特地给他增加工资到5000元，并升为日系车维修组组长，手下有四个专门归他指挥的技术工人。2008年7月，刘江辉把远在湖南的女朋友刘薇接到萧山，刘江辉打算用积攒下来的10万多元钱，开一家小店，让刘薇经营，打算在萧山立足。

8月的一天，刘江辉和朋友吃饭的时候，无意中听说有一种博彩游戏很好玩，而且中奖率很高。当天晚上，他就和朋友一起前往观看。

"我们去的地方是在滨江那边的一个农民房里，里面很多人在玩轮盘机。一共有四台机器，每台机器周围都站着一个工作人员。我看着挺好玩的，就拿出20元去押，结果中了60元。"刘江辉回忆，押中后，旁边的工作人员爽快地把60元给他。

当天晚上，刘和几个朋友在那里玩到11时才回家。盘点下来，刘江辉赚到了200多块钱。在随后的一星期内，刘和朋友多次前往，最后被请到宾馆的贵宾室去玩了。"一开始输了500元，后来想翻本，就越输越多了，一天晚上最多输过1万多元。"

一个月后，刘江辉就输了5万多元。急着想翻本的他，在9月6日晚上，拿出最后的6万元进行最后一搏，"最后都是5000元一把押的，连续押了10把，没一把是中的"。当天晚上回家后，女朋友刘薇和他大吵一架。第二天早上刘薇不辞而别，回了湖南老家。

赌红眼的刘江辉并未罢手，他开始向朋友借钱去赌，手下的几个工人工资和生活费都被他借走，输个精光。10月后，刘江辉的朋友开始找到他的单位要钱，"前前后后欠了4万多元的债，没有办法，只能辞职"。

刘江辉离开的时候，修理厂老板给了他1000元路费。惜才的老板告诉他，等戒掉赌可以再回到厂里来。

赌博机变脸

本刊记者了解到，在浙江杭州、宁波等地，和刘江辉一样，玩这种皇家轮盘输个精光的务工人员不在少数。“大有大的玩法，小有小的玩法。”今年21岁的小姜来自安徽淮南，是场子里的管理人员，在萧山负责一台电脑赌博机。

小姜个头1.75米左右，背上有文身，对人笑起来，依稀透露出几分稚气。“文身是用来吓人的。”看着本刊记者盯着他的文身，他有些不好意思地说，“我连马仔都算不上，我就是一个打工的。最近公安局查得厉害，我们都是东躲西藏的，这个月都搬了两次家了。”

“游戏厅里的老虎机与电脑轮盘相比，那就是小儿科。”小姜介绍说。据小姜介绍，所谓的皇家轮盘，分为大陆版和台湾版，现在萧山玩的就是大陆版的轮盘。与传统的老虎机和苹果机相比，电脑轮盘的赌博更刺激，而且看上去好像也更公平。

本刊记者见证过这样的轮盘游戏。这一储存在电脑里的游戏，由轮盘和押码区组成，轮盘上有0—36共计37个号码。所谓的游戏规则也相当简单，直接押注号码、两码押注、横排三码押注、方形四码押注和二横排六码押注。

赔率也各不相同。直接押注号码，若球停止的号码和你所押注的号码是一样的，赔率为1∶35。此外可以押大小，赔率为1∶2。诸如此类的押注总让人感觉这一游戏非常公平。

看上去几乎是对赌的，输赢概率为50%，而且赔率是两倍，这样的游戏，算起来好像是庄家吃亏，比正常的老虎机赢率高出许多。本刊记者带着这一个疑问，向小姜询问。

小姜笑而不答，只是告诉本刊记者，很多人都是这么想的。

“赌客分为小客和大客，大客需要慢慢培养的，小客是为了聚点人气。”小姜对此十分专业，“一个场子有两个大客就行了，做完这两个大客的生意，老板就会搬到另外一个地方。”

吃大赔小可控制

“唯一的秘密就是这个软件是可以控制的。”在吃完饭后，小姜告诉本刊记者这一行业秘密。

本刊记者了解到，这一类网络轮盘赌博方式，最早发端于广东珠三角地区，在2005年前后，逐渐向长三角地区渗透。

通过朋友的介绍，本刊记者联系上一名专门从事网络轮盘软件销售的广东人。通过三天的联系，该广东人派其弟弟赶赴浙江杭州，并约定11月15日晚上，与本刊记者在杭州之江饭店21楼的豪华套间内见面。

15日晚7时，本刊记者准时赴约。在宾馆的房间内，已经有三名浙江人在场，在客厅的茶几上，放着两台笔记本电脑，里面正演示三代皇家轮盘的游戏。

据这名自称陈明龙（音）的男子介绍，他来自东莞，他的老板控制大陆80%的轮盘软件销售，“软件是从台湾传过来的，通过我们的升级改造后，已经成为轮盘游戏的主力品种了”。

在随后的交流中，本刊记者了解到，该电脑轮盘游戏分为软件控制主机、服务器和分机三部分，通过网络把主机和服务器连接，每套软件都有一个账号和密码，然后主机通过网络与服务器连接后，轮盘游戏开始运营，其他分散在各地安装的分机与主机连接。

“一台主机可以装70台分机，保证不卡的。”陈明龙介绍说，分机可以在全国各地连接，他向本刊记者打比方，“主机在深圳，分机可以有广东的、浙江的、上海的都可以，就像电脑在线游戏一样。”

投注者投注的电脑，都是用账号和密码与主机联系的游戏分机。而这一整套游戏软件的价格是8000元，另加每个月的服务器租赁费500元。

“网上也可以下载到单机版的轮盘游戏，为什么要用你们联网的呢？”本刊记者向陈明龙咨询。

“这套软件当然是物有所值，主机的作用是控制游戏，所有分机押的筹码，在主机上都能看到。”陈明龙道出收费软件的秘密。

“各分机的赌注，都能在主机里统计出来，可以按照软件，选择最小的那个开出来，吃大赔小，一切尽在掌握中。”陈明龙还给本刊记者等三人演示了一下，只见他点中“35”数字，白球在轮盘上转了几圈后，稳稳当当地落在“35”的空当里。

未开拓的市场

据陈明龙介绍，他们来浙江是为了开拓新的市场。

“轮盘只是小生意，我们要做整个浙江的大生意，眼光要长远一点。”他与本刊记者等三人谈起了浙江网络赌博市场。

“‘中福在线’已经衰弱了，我们合作就可以占领它留给我们的巨大市场。”陈明龙踌躇满志。

“中福在线”是一款由民政部门主办的博彩项目，2003年6月在广东开始首卖，到2006年，全国已经有“中福在线”的销售大厅459家，销售额接近45亿元。

但是，“中福在线”从开办之初就广受诟病，被一些媒体和专家称为“合法的老虎机”。据媒体报道，这款定位给白领阶层消遣的在线博彩游戏，让很多彩民沉溺其中，家破人亡。

与全国其他省份一样，浙江的“中福在线”销售额一直持续增长。

转折发生在2008年3月初，备受争议的“中福在线”进行了玩法调整，除了返奖比例由50%提高至65%外，每人每天的投注总额不得超过200元。

“200元的额度一限制，‘中福在线’就不好玩了。”陈明龙告诉本刊记者，规则修改后，“中福在线”的销售额急剧下降。

事后，本刊记者走访了宁波南苑饭店、建德、杭州文三路附近的几家“中福在线”销售厅，均被告知已经关门。其中建德的销售厅在2007年10月18日开业，到2008年4月就宣告歇业。

从“中福在线”走出来的玩家现在成为地下电脑赌博场所争取的客户，“都是优质的客户资源，有钱还能玩”。

陈明龙向本刊记者流露出他来浙江寻求合作的打算：“我们负责整个系统的维护和开发，包括轮盘、十三张以及‘中福在线’本身有的那些游戏，我们都会开发出来，你们的任务是负责场子的维护、关系疏通和收债。”

陈明龙还说，“中福在线”的很多职工都可以拉过来，充当销售人员，这些人手里有很多玩家的联系方式，“可以让他们把人带过来玩”。

利用高科技

面对各地兴起的网络赌博游戏，警方行动迅速。

就在2008年10月，广东南海警方就破获一起网络赌博游戏，缴获赌博用的电脑200多台，该庄家每日收获达到50多万元。当地媒体报道，警方为破获此案，整整调查了一个月，消耗了大量的精力。

与传统的场子赌博方式不同，此类电脑赌博组织更为严密。除了异地设置电脑主机外，工作人员都是分散经营、跨区域的网络销售，给侦破工作带来一定的难度。除此之外，单机的案值比较小，也难以引起警方足够的重视。

据小姜介绍，每天开盘的时候，他口袋里只带1000元现金作为赔偿筹码，“如果钱不小心赔完，再打电话叫小组长送过来”。他解释此举的原因：如果不小心被抓到，也没有多少赌资，抓进去做个笔录就可以放出来。

更多的情况是，当警察来到现场时，这些工作人员和赌客就把电脑一关，钱一收，“没证据他能拿我怎么办？”

本刊记者在宁波市鄞州区占岐镇的一个村子里，就曾经目睹过这一情况：下午2时左右，110警车来到现场，一位民警和两位协警把用作赌博的电脑当场查获扣押。

等晚上6时多，本刊记者又看到这台电脑在经营了。

“开了不到半个月，被查了四次，每次都是这样来来回回的。”当地群众说。

陈明龙告诉本刊记者，轮盘游戏可以在便利店里摆一台经营：“就算抓到罚款，也没几个钱。”他以章鱼为比喻：“几十台分机就好像几十个爪子，只要主机还在，被吃掉一个爪子，对大局根本无影响。”

“街头机器的主要作用是为了培养客户，等客户成熟玩大后，就带到宾馆里去玩。”陈明龙说，“贵宾室就需要谨慎选址了，一般都要选择五星级宾馆的套房，一个房子可以摆10多台电脑，专门给那些一次赌博万元左右的客人玩。”

此外，他还谈到如何防备警方的行动：“场子要常常更换，可以让客人和业务员互留电话，客人想玩的时候，就让业务员去带他过来。”

他还谈到高科技：“现在有了CDMA等无线上网的设备，如果宾馆太狭窄，也可以分散经营，用车子拉上电脑，到野外找一个偏僻的仓库，派几个人守在路口，玩一天都没关系。”

（《瞭望东方周刊》总第265期　2008年12月11日出版）

“双规”王益背后的金融监管

□《中国新闻周刊》 王维博 吴洋 林森

随着王益被“双规”，多起券商违规行为浮出水面。而作为监管层，中国证监会也正面临着一场前所未有的考验

一次针对地方贷款的审计，将国家开发银行副行长、中国证监会前副主席王益的违规问题拖出水面。

据媒体报道，6月8日下午王益还在宁波东港喜来登酒店参加博鳌现代物流与自由港国际论坛并发言，但6小时后在返京飞机上已被监控，飞机抵达北京后，办案人员随王益至其办公室，正式对其“双规”。

消息人士称，国开行在6月10日上午的党委会及下午的行长碰头会上，小范围宣布了王益因经济问题被“双规”的消息，“经国务院书面同意，国开行副行长王益于6月9日正式被‘双规’，接受涉嫌贪污等问题的调查”。

“对王益的调查始于此前一次审计，”6月14日晚，一位长期从事证券报道的资深记者告诉《中国新闻周刊》，“今年初，国家审计署在审计国开行河南分行的时候，发现一笔由王益亲自审批的巨额贷款有违规操作嫌疑，这引起纪检部门的关注。”

据介绍，2007年3月，王益赴郑州考察时，曾批示国家开发银行河南分行为郑州提供25亿元资金用以支持基础设施建设和以中岳嵩山、少林禅宗、武术圣地为核心的旅游文化产业发展，以及嵩山古建筑群申报世界文化遗产项目、支持郑东新区建设。

知情人士透露，经调查，25亿元贷款中，少林寺和嵩山中学只用了2亿多元，其余款项去向不明。但可以肯定的是，王益的胞弟王磊曾从中不当收受“高额财务顾问费”，并将其中的4000万元用于购买太平洋证券(13.33，-0.16，-1.19%)的原始股份。

剑指“太平洋”

王磊的这笔“高额财务顾问费”让人联想到此前普遍被质疑的太平洋上市一事。2007年的最后一个交易日，太平洋证券(601099)登陆上交所，这家注册资本15亿元的券商，挂牌首日股票涨幅就达到了424%，市值一跃达到700亿元。“王磊投资的4000万元转眼间也飙升至16亿元。”知情人士透露。

对于太平洋上市，业界使用最多的形容词是“蹊跷”。这家三年累计亏损8482万元的证券公司跻身A股市场的途径是与即将退市的云大科技换股进行操作，但其上市用的却是新代码——既不是借壳也不是新股发行。同时，太平洋证券成为中国第一家没有经过证监会批准，尤其是没有经过证监会发审委以及重大重组审核委员会审核直接上市的公司。

作为直接决定太平洋证券上市的文件，《关于太平洋证券股份有限公司股票上市有关问题的批复》(证监办函〔2007〕275号)，是由证监会办公厅下发的，并且没有公布在证监会的官方网站上。一周后，证监会人事发生变动。

一位证券市场的资深人士说，经过证监会办公厅给上交所下发的批复而上市的模式是前所未有的。受访的一位法律学者分析，行政机关因为实施行政行为需要正式行文的时候，其行文主体只能是依法享有行政权力的行政机关。如果证监会实施行政行为对外行文，法定行文主体只有一个，那就是“中国证券监督管理委员会”。

财经网对此报道称，有证监会官员称之为股改中的特例，且是难以复制的“特例”。

证券乱象

那么这个绝无仅有的“特例”为什么会发生在太平洋证券身上呢？

随着王益被“双规”，坊间开始传闻，作为王磊的哥哥，王益事发与太平洋证券蹊跷上市有关。

太平洋证券成立于2004年1月6日，是云南省政府为了托管问题券商“云南证券”而专门成立的。公开资料显示，“明天系”实际控制人肖建华，借助对外经贸信托的央企控股招牌，通过控股太平洋证券的几家股东实际控制了太平洋证券60%以上的权益。据了解，“涌金系”魏东的哥哥魏锋同时是“明天系”泰山控股的股东之一。

2006年初，“明天系”开始了太平洋证券(13.33，-0.16，-1.19%)的战略性转移，通过转让股权谋划上市。据知情人士透露，在太平洋证券筹划上市前后，该公司进行了两轮增资扩股，股本扩大了一倍，股东数量也增加到16家。“太平洋证券在上市前以每股1元的价格转让将近3000万的股权，这实际上是‘明天系’跟当地利益体的一种妥协。”知情人士称，通过转让股权谋划上市，新股东的一个重要条件就是能助推上市。因为如果能上市将整体市值做大，即使出让部分太平洋股权，总体上还是赚的。

2006年11月，经过与云南国资主导的云大科技重组领导小组的合议，太平洋证券很快就拥有了《云大科技股权分置改革暨太平洋证券重组上市组合操作方案》。

一位知情者透露，王益的弟弟王磊不久也被调查发现，其在太平洋证券中持有大量低廉筹码。尽管在太平洋证券上市前后，王磊等人将筹码转让或更换股东名字隐匿，但仍被发现。

《中国新闻周刊》记者了解到，太平洋证券A股股票上市时，曾明确标明截至与云大科技股东换股前，天津市顺盈科技投资咨询有限公司持有太平洋证券1%股权。而根据工商信息查询可知：该公司注册于2001年，注册时的法人代表即为王益胞弟王磊，后将主要股权转让给其胞妹王薇。王薇于2007年5月16日名义退出。2008年3月18日，该公司股东会决议，原股东再次将股权转让给宗建文、覃伟桥两名法律界人士。知情人士分析，最后一次股权转让，发生在2008年2月太平洋证券上市被调查后，不排除现在的股东均为代持人。

在“明天系”逐渐退出太平洋证券控制权后，众多人物纷纷通过增发扩股进入太平洋证券，其中一个重要人物是律师出身的涂建，他通过持有太平洋证券大股东北京华信六合投资有限公司28%的股权，成为太平洋证券股东。按首日收费价计，涂建掌握的太平洋证券股权价值达23亿元。

资料显示，涂建是主导太平洋证券的增资扩股、股份制改造以及后续的上市工作的关键人物，他在德恒律师事务所上海分所任主任期间，曾被聘为上交所首席法律顾问。

在业界，有关涂建与上交所的渊源一直流传甚广。2003年，涂建曾聘请上交所法律部以及办公室职员担任德恒律师事务所上海分所兼职律师，后来，由于这两个人的特殊身份不符合兼职律师资格而被取消。

监管风暴风雨欲来？

今年52岁的王益从北大历史系毕业后，曾担任过国家前领导人薄一波的秘书，1992—1995年任国务院证券委办公室副主任，1995年11月至1999年2月任中国证监会副主席，分管股票发行、基金等重要部门，后调任国家开发银行任副行长至今。

6月8日，王益被“双规”的消息传出，多家媒体报道称，1999年2月，王益从证监会调任国开行副行长，在国开行分管研究部等部门，“王益并未就此离开证券界，依然非常活跃，以其深厚的人脉关系成为联系资本市场与证监会官员的桥梁。广发证券借壳的内幕交易问题、太平洋证券的蹊跷上市等，都与王益颇有瓜葛”。

有业内人士分析，调查王益的大背景，是国家近期加强对资本市场的监管。

进入2008年以来，上证指数开始加速下跌，跌幅达到44%。6月12日，上证指数更是首次击穿3000点大关，收于2957点。几乎与股市下跌的同时，有关方面对资本市场的监管也在不断深入——

今年2月，王益在国开行的一名前任秘书因受贿数万元受到调查。在3月底，市场上传出王益的胞弟王磊已被“控制”。

4月29日，资本市场江湖中的最后一个“大佬”，“涌金系”掌门人魏东在北京中海紫金苑九楼的家中坠落，留下谜一样的死因和诸多猜测。

5月7日，某证监会前官员接受调查的说法再次流传，当日上证指数大跌5.52%。

6月12日，“经中央批准”，现任国家开发银行副行长的王益已经于端午节期间被“双规”。原因“与其多年来在证券市场的违规违法活动直接相关”。

至6月16日，包括国开行在内，对王益被“双规”一事仍无官方说法。而中国证监会新闻处负责人也向《中国新闻周刊》记者证实，目前没有任何证监会官员被调查。

与上述官方的低调不同，有消息人士告诉记者，王益被“双规”的背后，一场资本市场的监管风暴已悄然来临。

（《中国新闻周刊》2008年第22期　2008年6月23日出版）

食品价格是怎么涨上来的

□《南方周末》 韦黎兵

咬起来嘎吱脆响的麦当劳麦辣鸡腿汉堡涨了5角的时候，“新亚大包”的价格纹丝未动；涨了一元的时候，“新亚大包”的价格还是没动；涨了1.5元时，“新亚大包”的价格终于动了。生煎、小笼、面条、米饭套餐的价格涨了5%，但招牌产品大包子的价格还是只卖1.2元。“我们尽可能自己消化成本的上升，以便让利给消费者。”上海新亚大家乐公司市场部经理汪沄说。新亚大包提价其实已经是去年9月的事情，那以后麦当劳的麦辣鸡腿汉堡又涨价了——春节后的最新价格是每个麦辣鸡腿汉堡12.5元，不过新亚再没有对价格进行任何调整。

戴着白色厨师帽标志的新亚大包在上海有67家门店，是上海最大的中式快餐连锁企业，去年涌入其中的顾客，给其带来了超过3亿元的收入。但新亚一直对提价慎之又慎，顶着金色大拱门的麦当劳等洋快餐一直是新亚这样的中式快餐店的劲敌，提价一招不慎都有可能把好不容易抢过来的顾客又送回到竞争对手那里。

快餐价格不能随便提，但另一方面各种成本却在节节上升。管采购的新亚大家乐新品品控及中心厨房高级总监李雄，度过了分外艰难的一年。一整年，李雄都在和节节上升的成本作斗争，而这，是那些匆匆来到店里又匆匆离去的顾客所不知道的。

综合成本上升了20%？

猪肉涨价之外，2007年下半年，新亚采购的奶制品价格上涨了30%以上，大豆和豆油价格的涨幅则在40%—50%，面粉价格也上涨了10%。加上房租、人工等其他成本上涨，综合成本上涨在20%以上

2007年成本上升之快，是干了几十年快餐业的李雄所没有料到的。

2004—2005年的时候，新亚农副产品的采购价格，每年升幅只有5%左右，而且随着季节波动，有涨有跌，并没有出现持续性上涨。即便到了2006年，新亚原料采购成本上涨也不超过10%。

但是，2007年4月开始的猪肉价格上涨，似乎一夜间打乱了价格上涨的节奏。

开始时，分管采购的李雄认为，尽管猪蓝耳病疫情影响了猪肉供应，但在猪肉价格大幅上涨后，养殖厂和养殖户必然增加生猪的存栏数，约摸4个月的一个养殖周期下来后，猪肉价格必然随着供应的增加而回落。李雄没有料到的是猪疫情比预想中的严重，这使得农民心有余悸，不愿养猪。生猪供应跟不上，猪肉价格一路上涨，到2007年年末，猪肉价格甚至达到了每斤约16元——按照国家统计局后来公布的数字，全年猪肉价格涨幅达到了48.3%。

除了猪肉，其他食品原料的价格也在上涨。2007年下半年，新亚采购的奶制品价格上涨了30%以上，大豆和豆油价格的涨幅则在40%—50%，面粉价格也上涨了10%。甚至因为原油涨价，2007年下半年新亚采购的塑料制品价格也上涨了3%—4%。

有着二十余年快餐行业工作经验的李雄对控制成本其实有着非常丰富的经验。提前签订下年度的采购合同，是他控制采购成本的一个重要手段。他也早在两年前，就重整新亚的采购体系，把原先分散在四五家供应商的大宗采购，集中到一家，以便以采购量为筹码来压低价格、降低成本。

但是这一招，在2007年不灵验了。先是猪肉价格大幅上扬，新亚的四川猪肉供应商在按原供货价扛了几个月后再也无力支撑，陷入破产边缘，新亚万般无奈，不能眼睁睁地看着自己最大的猪肉供货商死去，不得不在去年第三季度与供应商签订了提价15%的新合同，所幸的是这一价格仍然低于猪肉的市场价。

事实上，真正让李雄头痛的并不是猪肉等农副产品的价格上涨，在新亚的成本支出中农副产品成本只占到约三成，让人头痛的是铺租的上扬和人工成本的上升。铺租和人工成本分别占到整个成本的约三成和两成。

铺租其实比农副产品的价格涨得早。最近三四年，新亚房租支出每年上涨幅度都在10%以上。实际上，由于租房合同一般都在5—7年，每年到期的重新调整房租的店面只有10家左右，因此就单店而言，合同到期后房租常常翻番。

为了应对房租的飞速上升，新亚开始创新房租支付方式。“我们在租房合同到期时，也在努力说服房东定一个较低的固定房租，同时从我们的营收中按一定比例提成，这样做能与我们共同分享成长、分担风险。”新亚市场部经理汪沄介绍。

员工工资的上升也非常明显。目前新亚门店的普通工作人员月工资普遍达到1100元—1200元，虽然这在上海并不算高，但最近三四年每年10%以上的上涨，还是让新亚感到压力颇大。

为了应对人力成本的上升，李雄的反应是降低门店的工作量，提高新亚食品加工厂对产品的加工度。2003年，新亚工厂工业化生产占餐饮环节的比例只有一半多，现在80%的工作量都在工厂以自动化、工业化的方式完成，门店只是简单加工了。“现在我们的包子，在工厂全部蒸好，配送到门店之后门店只是加热而已，工作量很小了。”李雄说。

在管理部门，新亚也在千方百计节流。员工们被要求每张打印纸必须正反两面使用，传真机、打印机、复印机等，也被减少数量，每个部门只允许配一台。

但是，所有这些只是杯水车薪，远远抵不上迅猛上升的成本。“2007年我们综合成本的上升，大概超过了20%。”李雄说。

新亚新品部为了进一步提高原材料利用率，将牛肉做主菜后留下的边角料收集剁碎，做成了“咖喱牛肉包”，一元一个，价格低于普通大包，颇受顾客欢迎。而在以前，这些牛肉边角料都是用来煮汤调味的。

2007年对于新亚来说虽然艰苦，但还是实现了盈利。它的上游供货商就没有这么幸运了。

压倒面条厂的是房租和人工

房租上涨了快一倍，工人工资则在2007年涨了22%多，“现在工人是我们的老板。不提高工资和福利，对他们好一些，根本留不住人”。面条制造商瑞怡在2007年因此陷入亏损

“2007年我们的亏损要过百万元了。”瑞怡食品总经理黄永发说。瑞怡食品是香港上市公司亨泰集团的下属企业，2003年进入上海，主业是生鲜面和干面加工，年产值不到2000万元。瑞怡是新亚的十大供应商之一。

2007年下半年，瑞怡生产面制品的四大原料价格纷纷上涨：面粉涨价14.8%，鸡蛋涨价29%，食用油涨价52%，木薯淀粉涨价38%。如果再加上第五大材料包装纸箱的成本，瑞怡2007年下半年原材料成本总计上升三成。

除了占总成本52%的原料，占成本12%的厂房租金、13%的工人工资、20%的运输费用都在上涨。2007年年初，瑞怡不得不将厂房从上海普陀区迁移到更远的嘉定区，原因是所在的开发区要将瑞怡的厂房租金从每月6万元一下子提到12.5万元，除了房租，物业管理费也一下要涨3倍多。因此，尽管加工生鲜面的瑞怡每天要给位于市区的200多家客户配送鲜面，还是不得不选择迁址。新地址的厂租是每月7万元。

由于现在离市区较远，更重要的是汽油价格不断上涨，郊区通往市区的道路常常拥挤堵塞，瑞怡的运输成本过去的一年也涨了3%—4%。2004年以来，瑞怡工人平均工资从800元涨到了1350元，2007年一年涨了22%多。“现在工人是我们的老板。不提高工资和福利，对他们好一些，根本留不住人。”黄永发说。

成本的迅猛上涨，让实在顶不住的黄永发只能选择提价。2007年下半年，黄找了新亚三次，每次诉苦不迭的目标只有一个：加价。但新亚负责采购的李雄和唐奕雯硬撑着，无论如何，坚持要求履行2006年签订的合同。面对白纸黑字的合同，黄永发实在无奈，只好微亏着给新亚供货：这个大客户，瑞怡不能失去。

对于另一些客户，比如瑞怡给其代工方便面的日清食品，黄永发的提价要求就部分实现了。2007年3月，黄永发到香港找到日清总部，把自己成本上升的情况算给他们，要求加价12%。瑞怡是日清在长期对比之后，找到的代工方便面质量最好的工厂，不能不管瑞怡的死活，结果日清给瑞怡涨价8%。2007年下半年，涨幅更大、涨速更快的物价让黄永发再次要求日清加价12%。日清研究后，给瑞怡再次加价8%。

但是，瑞怡2007年给客户总体加价10%的策略并不能弥补成本的飞速上涨。黄永发向母公司董事会汇报，母公司最后要求瑞怡适当收缩战线，减小产量，放弃那些不赚钱的小客户。

黄永发只好忍痛执行。2007年一年，瑞怡的客户数量、产量、工人数量，都减少了一成。

“正规的厂家现在没法活了，那些没有质量保证、品质不好的面条作坊，现在倒好了。”这种劣币驱逐良币的情况，让黄永发备感无奈。

成本升提价难面粉企业岌岌可危

麦价涨15.8%，运价涨50%，但产能严重过剩和大量偷税漏税，甚至不计提折旧的小企业的存在，使得面粉行业的价格提升相当困难

瑞怡更上游的粮食加工企业，在食品价格上涨中，经营情况又如何呢？

得知江苏是瑞怡国产小麦面粉的主要采购地后，记者来到了中国主要的粮食产地——黄淮海平原的中心江苏徐州。

维维六朝松面粉公司是徐州当地最大的面粉企业，前身是徐州面粉厂，1992年的最高年产量达到13万吨。

对于六朝松总经理岳邦真来说，2007年他是面粉业的胜者。不过这个胜利却让人心酸，过去一年，六朝松1.2亿元的产值，8500万元的资产，盈利只有110万元，产值利润率不到1%。

能做到盈利，对面粉企业来说已经非常不容易了。2006年政府通过中储粮开始托市收购小麦之后，小麦市场一改上世纪90年代政策多变和价格不稳的局面，价格基本由中储粮主导，出现基本稳定并略有上涨的局面。2006年，六朝松从中储粮拍到的小麦到厂价是1345元/吨，到2007年，上升到1558元，上升了15.8%。这对原料价格占成本90%的面粉厂而言，确实不是一个小数目。

由于电力、石油价格的不断上升，2005年至今，徐州正规厂家小麦的生产成本从每吨120—130元，上涨到160元，每吨运费从20元上涨到30元。

更重要的是，由于面粉行业大规模的产能扩张，这个行业现在处在严重的产能过剩状态。“全行业大概只有50%的开机率，有一半的企业可能处在亏损状态。”岳邦真说。

产能严重过剩和大量偷税漏税，甚至不计提折旧的小企业的存在，使得面粉行业的价格提升相当困难。2005年六朝松高档粉的出厂价平均在2300元/吨，而后缓慢涨到2360元，2007年8月之后，才涨到2400元。而瑞怡拿到的国产小麦面粉的价格，在2007年下半年涨了12%。

考虑到中国小麦每吨1558元的价格，平均70%左右的出粉率，以及160元的加工费和30元的运费，再对照六朝松高档面粉每吨2400—2500元的出厂价和低档面粉2000元的出厂价，面粉企业确实基本无利可图。

但是，即便如此还能不亏损，在粮食行业打拼了二十多年的岳邦真，有自己的妙招。岳邦真首先调整自己的产品结构。2007年，六朝松高档粉和低档粉的比例，从三年前的3：7转为7：3，大幅度减少无利可图的低档粉的生产。

另一方面，2006年开始，六朝松利用母公司维维集团资金雄厚的优势，开始在新粮上市、小麦价格最低的5—7月直接收购粮食储存，跳过了向中储粮购买这一中间环节，每吨省下60元的成本。2006年，六朝松直购了1万吨的粮食，2007年又收购了2.2万吨小麦，仅此一项，2007年刚好省出130多万元，大大高于当年盈利。

但是，对于那些连大仓库也没有，流动资金本已非常紧张的小粮食企业而言，根本没有复制六朝松经验的可能，而前些年依靠贷款盲目扩张产能的大企业，更是岌岌可危。2007年，岳邦真去河南出差发现，5年前建成、具有6万吨月加工能力的河南金苑面粉厂，现在每月的产量只有2000吨，非常困难，“估计很快就得关门”。

经过这么一圈调查我们发现，整个食品产业链中，中间环节都是价格上涨的被动接受者和利益损失者，那么原料生产源头又如何?

农民并未更多获益

由于化肥、饲料价格的上涨，农民并未从种植大豆、小麦等作物或者养猪养鸭中获得更多收益

在徐州郊区，经过打听，记者来到了铜山县张集镇林东村和张楼村。这里是淮海平原，土地平旷肥沃、水道纵横，周围几个村，人均耕地是徐州郊区比较多的，也是农民养殖业比较集中的地方。

在张楼村头，记者正好遇到了两个正在说话的村民。当知道记者来意后，两人开始掰着指头给记者计算他们的收成。

实际上，这里每亩小麦的产量大概800斤，2007年7月小麦刚收割下来的时候，一斤只卖到约0.67元，每亩的收成不过五六百元，而化肥的价格在2007年却上涨了2/3，这样除去肥料、种子、农药、机耕等投入，不算工钱，每亩净收益不过200元左右。“现在出去打工，壮劳力一个月能挣1000多元，种地还花那么多工夫，有什么吸引力啊？”村民朱永刚抱怨说。

33岁的朱永刚2007年一年都在养鸭子，一年养了六批，第一批仅仅保本，第二批出笼时价格大涨到3.8元，他挣了9600元，而后随着鸭子价钱一路下跌，最低到1.4元，朱永刚赚的钱越来越少，直到亏损！回顾2007年一年的收成，朱永刚叹口气：“这一年没赚没赔，白忙了！”按照朱永刚的计算，鸭子的料肉比(饲料重量与能长成的鸭肉重量的比例)为2.3∶1，现在鸭饲料涨到了每斤1.1元，加上其他成本，鸭肉要卖到每斤3.3元才能保本，而现在，鸭子的价格每斤只有2.4元左右，养一只亏一只。

在记者与朱永刚聊天的过程中，好几个路过的村民开始加入，也开始算他们的养殖账。在村民们看来，养猪业是个高风险的买卖，大家轻易不敢投入。

现在，这一带村子的养猪户大多实现了规模化养殖，每栏100头左右。按照目前一头小猪1000元以上的投入，加上一个出栏周期4个月的饲料款，以及猪舍投入，一个养殖周期的总投入要20万—30万元，超过了多数人家的承受能力。如果一切顺利，按目前的价格，一头猪能赚500元左右，但是2007年的猪瘟，让不少养殖户血本无归。

不过，高价猪肉还是吸引了不少散养户加入。“原来养猪不赚钱，我们村几乎没人养猪，现在大家都开始养了，母猪生了猪仔也不卖，继续养。”岳邦真过年回到丰县岳庙村老家，发现乡亲们养猪的积极性现在已重新调动起来了。

但是饲料价格的上涨并不比猪肉慢。2007年年初，猪饲料价格每斤只有0.75元，现在已经上涨到一块三四。而猪饲料价格飞速上涨，又与世界范围内大豆减产，以及石油价格上涨、大豆被大量投入制造生物柴油，引起大豆供应短缺有关系。

但是对于种大豆，中国农民的积极性仍然不高。“大豆产量每亩只有两三百斤，按照现在每斤2.5元的价格，刨除成本，每亩也只能赚二三百元，对土地并不多的农民来说，依然是个没有吸引力的买卖。”“如果不是国家免农业税，地都没人种了。”在回市区路上，记者搭上一位附近村里开大卡车拉货的村民的车，问及种粮问题，他对记者说出自己的心里话。

（《南方周末》 2008年4月20日）